www.tredition.de

AF196417

Hermann Grabher

Den Staub der Väter abstreifen

© 2020 Hermann Grabher

Verlag und Druck: tredition GmbH, Halenreie 40-44, 22359 Hamburg

ISBN
Paperback: 978-3-347-13252-8
Hardcover: 978-3-347-13253-5
e-Book: 978-3-347-13254-2

1. Lassen wir uns nicht aufhalten

„Man soll nicht nachtrauern, dass man es im Leben verpasste alle schönen Mädchen dieser Welt geküsst zu haben!" Dies sagte mir jüngst Jim, ein Geschäftsfreund aus den USA, ein alter Kerl wie ich – gerade noch nicht achtzig, aber nahe davor. Eigenartigerweise animiere ich immer wieder Leute, mir ihre Lebensgeschichte zu erzählen, ohne dass ich sie danach gefragt hatte. Das geht so weit, dass meine Frau, wenn ich verspätet nachhause komme, die Augenbraue hochzieht und frägt, ob mir einer wieder seinen Lebenslauf angedreht habe… Nun denn, dieser Jim, dieser Amerikaner sagte, dass er in seinem Leben alle Chancen hatte ein reicher Mann zu werden, die bestehenden grossartigen Möglichkeiten aber nicht nutzte, Gott allein wisse weshalb. „Als Finanzfachmann habe ich viel Erfahrung und ein weites Wissen", sagte er. „Ich verfüge auch über das notwendige Netzwerk, um an die reichen Investoren zu gelangen. Aber unglücklicherweise funktionierte es nie mit dem grossen Wurf! Stets kam etwas dazwischen! Meist Lappalien, Kleinigkeiten!" Meine Antwort an Jim gab ich ebenfalls in Form geflügelter Worte: „Bei uns sagt man, dass es besser sei mit einem Spatz in der Hand zufrieden zu sein, statt einer Taube auf dem Dach! – Jim, ich nehme an, dass Du trotzdem nicht am Hungertuch nagen musst!" Seine Antwort: „Nein, absolut nicht. Ich habe ein wunderschönes Haus in Florida, das wir – meine Frau und ich – aber leider schon seit längerer Zeit nicht nutzen. Denn unsere Tochter in Pennsylvania ist sehr krank und wir fühlen uns verpflichtet, sie zu pflegen. Manchmal ist es eben umgekehrt als es eigentlich sein sollte: In Ausnahmefällen sind erwachsene Kinder froh und dankbar um ihre alten Eltern, wenn sie von diesen an Leib und Seele gestützt werden!"

Der Drang des Strebens nach mehr - mehr Ruhm, mehr Ehre und grösserem Reichtum - hängt vielen von uns an. Dabei geht es bei dieser Jagd wohl nicht mal vordergründig um die Äufnung des Bankkontos, sondern eher um Anerkennung. Wer möchte nicht bedeutsam sein! Viele von uns fühlen sich unterbewertet. Wir bemühen uns sehr es gut zu machen und heimsen dennoch immer wieder nur das Gegenteil von dem ein, nach was wir streben, nach was wir uns eigentlich sehnen. Wir empfangen Schelte, Vorwürfe, Anschuldigungen, die wir als ungerecht empfinden - vom Arbeitgeber, vom Ehepartner, von den lieben Verwandten, von der Gesellschaft. Wir fühlen uns oft unverstanden, werden verletzt. Dabei würde uns Aufmunterung guttun, wäre Ansporn uns aufzurichten in Phasen, in denen unser Selbstwertgefühl angeschlagen ist und wir leiden.

Jims Geschichte gab mir zu denken. Überhaupt animieren die aktuellen Umstände dazu demütig und dankbar zu sein. Wir persönlich fühlen uns sehr privilegiert, weil unsere Familie gesund ist und wir in sozial gefestigten Verhältnissen leben dürfen. Es ist keine Selbstverständlichkeit.

Kaum hatte ich mein Buch *von wegen früher war alles besser* im Winter 2020 abgeschlossen, brach Corona aus. Die Pandemie verschob bei vielen Menschen die Sichtweise auf die Dinge des Lebens. Unzähligen Menschen, Frauen wie Männern, Jungen wie Alten verschaffte der wirtschaftliche Stillstand unfreiwillig eine Atempause. Man bekam Zeit über das eigene Leben nachzudenken. Ob die hiermit gefassten positiven Vorsätze nachhaltig sein werden, wird sich weisen. Jeder, jede wird persönlich entscheiden, wie engagiert er, sie diese Vorsätze fortan umsetzen wird. Leider habe ich eher eine ungute Ahnung, dass wir uns sehr bald wieder jenem Zustand annähern werden, der uns als „vor der Krise" sehr gut bekannt ist.

Mit meinen Gedanken in *von wegen früher war alles besser* versuchte ich Optimismus zu verbreiten, zu positivem Denken anzuregen, im Jetzt aktiv an unserer Zukunft zu bauen. Ich wies darauf hin, welche unglaublichen Chancen die Menschen, welche aktuell auf unserer Erde leben, geboten bekämen. Dass es noch nie je eine Generation gab, die so gut lebte, wie wir es aktuell tun. Die Kardinalfrage wenige Monate später - im Sommers 2020 - lautet: Hat sich durch Corona unsere Perspektive für die Zukunft grundsätzlich verändert - verschlechtert? Meine Antwort ist eindeutig und lautet: Nein! Wir haben aktuell wirtschaftlich zwar einen derben Rückschlag zu verkraften und müssen in diesem Jahr (2020) auf ein Wirtschaftswachstum verzichten. Wir werden in unserem Land vielleicht mit einem Minus von fünf oder sechs Prozent zu rechnen haben. Doch schon im kommenden Jahr (2021) wird es wieder aufwärts gehen. Wir dürfen zuversichtlich sein, im nächsten Jahr zumindest nicht mehr negativ zu sein. Dabei wird es 2020 für die wohlhabenden Länder nur eine kleinere wirtschaftliche Delle absetzen, für die anderen Nationen allerdings eine bedeutungsvolle, eine schmerzhafte Beule. Diese werden wohl Jahre benötigen, um die eingehandelten Verluste wieder einigermassen aufzuholen. Möglicherweise werden sie auch nie in der Lage sein die hiermit aufgehäuften Schulden zurück zu zahlen. Die Reichen werden Solidarität zeigen müssen mit den Brüdern und Schwestern in Not, dies nicht ohne auch an einen gewissen Eigennutz zu denken. Denn je besser die Bürger eines anderen Landes aufgestellt sind, umso eher können wir erwarten, dass sie so finanzstark sind, unsere hier teuer produzierten Produkte sich leisten zu können.

Unser Ausbildungssystem wird gestärkt aus der Krise herauskommen. Die Experten haben wichtige Erkenntnisse gewonnen, die für die jetzige und die künftigen Generationen von Schülern, Studenten und Auszubildenden vorteilhaft sein werden. Insbesondere die Möglichkeiten auf elektronischem Weg Wissen zu vermitteln, werden ausgebaut werden. Allerdings haben nicht wenige Lehrpersonen Bedenken, dass schwache und undisziplinierte Schüler durch Fernunterricht noch weiter ins Hintertreffen geraten könnten. Von den guten Schülern weiss man, dass sie durch diese neuartigen Lehrmethoden sogar profitieren können und raschere Lernfortschritte erzielen. Psychologen kamen allerdings gleichzeitig zur Erkenntnis, dass eine persönliche Beziehung zwischen den Lernenden einerseits und den Lehrern und Erziehern andererseits nicht zu ersetzen ist. Denn die zwischenmenschliche Komponente ist für Kinder und Jugendliche in der Entwicklungsphase wichtig. Es ist jene Stufe, in der sie sich auf den Schritt ins selbstständige Leben vorbereiten.

Das Krisenmanagement des Gesundheitswesens hat sich bewährt. Man hat dabei auch die Schwachpunkte erkennen können und kann sich jetzt damit befassen, diese zu verbessern oder möglichst zu eliminieren. Sollte uns je eine weitere

Epidemie oder Pandemie heimsuchen – was ziemlich sicher früher oder später erneut geschehen dürfte, werden wir besser gewappnet sein und auf den gemachten Erfahrungen aufbauen können. Auf jeden Fall hat heute jedermann zumindest eine Gesichtsmaske zuhause lagernd. Unsere bisherige mehr oder weniger leise Ahnung ist der Überzeugung gewichen, dass ein Nasen- und Mundschutz zusammen mit regelmässigem Händewaschen und körperlichem Distanzhalten die Gefahr einer Ansteckung effizient mindert. In der Tat ist diese Empfehlung ziemlich unterschiedlich zu jenem, was uns die Experten diesen Frühling auf allen Kanälen die ganze Zeit weiszumachen versuchten!

Noch einige Gedanke in Richtung Banalität:

Aktuell (Mitte 2020) schwankt die Volksseele offensichtlich zwischen mehr oder weniger sanftem Erwachen aus dem Corona-Schlaf und wütendem Aufruhr. Weil uns das alljährlich wiederkehrende wohlige Gefühl der Sommerwärme in Beschlag genommen hat, wächst der Wunsch nach Freiheit, Freizeit und Ferien. Die Trends dürften in diesem Jahr wohl etwas unterschiedlich gegenüber den Vorjahren gesetzt sein. Einerseits haben nicht nur jüngere Menschen das Stubenhocken satt und die aufgestaute Lust auf Abwechslung und Abenteuer muss abgebaut werden. Andererseits sind Ferien im Ausland doch mit höheren Risiken verbunden, nicht nur der erhöhten Ansteckungsgefahr wegen. Der Bund hat klar gemacht, dass es jetzt keine organisierten Rückholflüge mehr geben wird. Und Länder können von heute auf morgen auf die Quarantäneliste gesetzt werden. Das bedeutet, dass Ferienrückkehrer erst zehn Tage in Quarantäne absitzen müssen, was insbesondere Firmenchefs wenig freuen dürfte. Die Folge ist ein gedämpftes

Flugreiseverhalten, was die Umwelt freut, die Touristik- und Reisebranche andererseits empfindlich trifft. Auch vernehmen wir, dass die Partyszene erwacht ist und anscheinend gefährliche Akzente im Hinblick eines möglichen neuen Aufflackerns von Covid 19 oder gar einer zweiten Welle setzt. Der Aufruf an unsere lieben jungen und jung gebliebenen Zeitgenossen ist ernst gemeint: Sie sollten jetzt wirklich keine Fehler machen und den positiven Trend durch Undiszipliniertheit und Egoismus aufs Spiel setzen!

Derweil gibt es harsche Proteste rund um den Erdball, weil in den USA ein Afroamerikaner von der Polizei schändlich misshandelt wurde, sodass er zu Tode kam. Es ist ein genereller Aufschrei gegen Polizeigewalt, welcher auf ein seit Jahrzehnten schwelendes Problem aufmerksam macht. Andernorts – in Deutschland, ganz in unserer Nähe – demolierten junge Männer eine Innenstadt, wie es hiess, ohne dass ein Motiv dafür erkennbar sei. Wirklich? Vielleicht ist der Hintergrund mit jenem von Holligans in der Fussballszene zu vergleichen, die ebenfalls dafür bekannt sind in Wut und unter Einfluss von Alkohol eine Schneise der Verwüstung zu hinterlassen, nicht unähnlich der eines Tornados. Der Hintergrund dort ist – wie man weiss - weder mit einem Sieg noch mit einer Niederlage der eigenen Mannschaft in Verbindung zu bringen. Sondern es ist offensichtlich allein Übermut, ein Überschuss an Energie, ein Schub an Testosteron und Adrelanin, ein gemeinsames gegenseitiges Aufplustern junger Menschen in einem fehlgeleiteten Gemeinschaftsgefühl, welches mit Exzessen dieser Art abgebaut wird. Unter den Tätern gibt es anscheinend nicht nur Steinklopfer, sondern auch Juristen und Ärzte (immerhin keine Priester, wie man versichert). In einem anderen Fall gerieten arabische Clans in Deutschland in tödlicher Mission aneinander – anscheinend nicht anders als man das in billigen Streifen zu sehen bekommt. Hallo, Freunde, wo leben wir? Wir würden hier gerne so existieren, wie es sich für zivilisierte Leute gehört! Dies sind nicht mehr Flausen junger Leute, sondern das ist organisierte Clankriminalität! Da ist kompromissloses, radikales Aufräumen durch den Rechtsstaat explizit von Nöten!

2. Der Club der 100-Jährigen

In der Schweiz gibt es – Stand 2018 - 1'572 Menschen, die 100-jährig oder älter sind. Achtzig Prozent sind Frauen. Natürlich existiert kein *Club der 100-Jährigen*, denn Menschen in diesem Alter haben andere Sorgen und Bedürfnisse als einem solchen Club beizutreten oder gar einen solchen zu gründen. Bei ihnen geht es wohl vor allem darum, jegliche Kraft zu sparen, um auf Sparflamme zu überleben, Woche um Woche, Tag um Tag. Doch obige Meldung wurde noch ergänzt durch eine weitere Information, die eigentlich weit interessanter ist: Die Geriatrieforschung prophezeit, dass von den Mädchen, die heuer geboren werden, eine von vier hundertjährig wird und von den Buben wird einer von sechs dieses Alter erreichen. Ich bin verunsichert, weiss nicht so recht, ob ich diese Nachricht als eine positive einordnen soll oder ob sie wohl eher zu Sorge Anlass gibt. Denn zwei kapitale Fragen stellen sich:

1) Wie soll die Rente dieser dannzumal Alten generiert werden, wenn sie in ihrem Leben etwa gleich viele Jahre in die Pensionskasse einzahlen, wie sie später Rente beziehen werden.

2) Ein grösserer Teil der 100-Jährigen dürften auch dannzumal Pflegfälle sein. Wird es genug Fachleute geben, welche die vielen Alten pflegen? Und wie bitte soll diese Pflege finanziert werden?

Eine unlängst erfolgte Befragung einer grossen Krankenversicherungsorganisation zeitigte Erstaunliches: Die Frage, was wäre ihr Wunschalter, das sie erreichen möchten, ergab als Durchschnitt einen Wert von 98.4 Jahre! Natürlich ist diese Zahl uninteressant für die Wissenschaft, schon nur aus dem Grund, weil sie nicht repräsentativ ist. Doch sie hat dennoch eine Aussage, nämlich dass erstaunlich viele Menschen offensichtlich ein langes Leben schätzen würden. Vielen erscheint ihr eigenes, ihr persönliches Leben anscheinend genug leicht, wertvoll, attraktiv, dass sie es gerne möglichst lange fortsetzen würden. Menschen in Armut oder mit Krankheiten geschlagen, dürften diesbezüglich wohl eine etwas andere Meinung haben. Allerdings könnte man dahinter auch noch eine andere Interpretation erahnen, nämlich dass der Mensch Angst vor dem Sterben hat oder Angst vor dem Tod, was keinesfalls dasselbe ist. Angst vor dem Tod meint in vielen Fällen wohl auch, dass der Mensch unsicher ist, was nach seinem Verlassen unserer Erde folgen wird und deshalb dieses radikale, dieses absolute Ereignis möglichst weit nach hinten schieben möchte. Die Frage aller Fragen lautet: Was kommt danach? Ist danach alles fertig? Oder geht es nachher erst richtig los, nämlich das ewige Leben, in dem uns jenes vergolten werden soll, wofür wir während unseres Erdendaseins eventuell einigen Aufwand betrieben? Jedenfalls verheissen verschiedene Religionen und Philosophien ihren Gläubigen und Anhängern diesen Preis.

Ein Fluch der Moderne ist, dass für jedes Jahr ein möglichst hohes Wirtschaftswachstum gefordert ist. Wirtschaftswachstum ist notwendig, um den allgemeinen Lebensstandard zumindest halten oder tendenziell ausbauen zu können. Es ist ein Wert, der – ist es positiv - jedermann zugutekommt. Wirtschaftswachstum wird unter anderem durch eine höhere Effizienz in der Produktion erreicht. Immer rationellere Arbeitsabläufe, immer höher entwickelte, leistungsfähigere Maschinen und Geräte sind in der Lage immer mehr zu günstigeren Kosten zu produzieren. Damit können sich die Bewohner der Nationen der Habenden leisten, immer weniger Stunden zu arbeiten und dennoch in Summe mehr zu produzieren und somit auch mehr zu verdienen. Andererseits tritt die Welt der reichen Nationen damit gleichzeitig auch gegen die Welt der Minderbemittelten an. Die hiermit entstehende Kluft öffnet sich immer breiter und animiert zu Migration. Handarbeit selbst zu niedrigster Entlohnung kann immer weniger konkurrieren gegen Power von Maschinen und die Macht des Geldes. Es besteht zunehmend die Gefahr, dass die Armen dauerhaft arm bleiben, statt dass die Reichen die Benachteiligten mit nach oben ziehen. Zwar leisten die reichen Nationen Entwicklungshilfe in grossem Umfang. Oft gelangen diese Gelder jedoch nicht zu den Bedürftigen, werden nicht mit dem prioritären Fokus auf Nachhaltigkeit eingesetzt, sondern werden zu oft für sinnlose Prestigeobjekte missbraucht. Sinnvoller würde wirken, wenn man den grösseren Teil der Entwicklungsgelder in das Vermitteln von Wissen und Knowhow stecken würde. Denn mit fachlich gut ausgebildeten Menschen könnten auch Entwicklungsländer erfolgreich nach oben streben. Bedenklich ist ausserdem die immer grössere Einflussnahme Chinas in Afrika und Asien, was ohne ethische Rücksichtnahme durchgezogen wird. Je mehr sich Europäer und Amerikaner als (ehemalige) Kolonisatoren zurückziehen, umso intensiver nützen die Chinesen das Vakuum und sichern sich Nutzungsrechte zur Gewinnung wertvoller Stoffe aus dem Boden. Dies geschieht oft gegen ein viel zu niedriges Entgelt. Dabei stellen die neuen Herren in der Regel nicht mal mehr einheimisches Personal ein, sondern bringen ihre eigene Mannschaft mit. Begründung: Die dort ansässige heimische Bevölkerung sei zu wenig gut ausgebildet, arbeite somit zu wenig professionell.

Vielleicht ist es wirklich so, dass die Natur spürt, dass es langsam genug Alte auf unserem Globus gibt und sie uns deshalb Corona sandte. Nun ja, wir Senioren werden wissen mit Disziplin dagegen zu halten. Irgendwann werden wir uns impfen lassen. Aber wer weiss schon, wann wir den nächsten Überfall eines anderen Winzlings zu überstehen haben! Irgendwann wird sich die Natur diese Überforderung, wie sie heute leider breitflächig geschieht, vielleicht endgültig nicht mehr gefallen lassen. Ich bin weiss Gott kein Liebhaber von Weltuntergangsszenarien und auch kein Freund von Verschwörungstheorien – ganz im Gegenteil. Nichtsdestotrotz ist es vielleicht Zeit, dass uns ein Licht aufgeht und wir uns über einen Marschhalt Gedanken machen sollten. Dass wir darüber nachdenken sollten, unser Leben etwas genügsamer zu gestalten. Viele Jugendliche geben uns einen Fingerzeig indem sie Demonstrieren.

Es gibt nicht wenige Menschen, welche die Zwangspause der Coronazeit als Wohltat wahrgenommen haben: Weniger Verkehr und Hektik auf den Strassen. Weniger Leute in den öffentlichen Verkehrsmitteln. Keine Flugzeuge am Himmel. Mehr Zeit füreinander innerhalb der Familien im Guten und im weniger Guten. Denn natürlich gibt es hin und wieder auch Knatsch, wenn man gezwungen ist während einer längeren Periode nahe aufeinander geklebt zu leben. Es sind aussagekräftige Testphasen für die Beziehungen von Paaren, wie auch von Familien, von Alten und Jungen, die miteinander klarkommen müssen.

Man konnte wiederholt lesen, dass die Zeit nach Corona wohl nicht mehr die gleiche sein werde wie vor Corona. Weil der Mensch in dieser Zeit, in der Disziplin gefragt war, eine gewisse Veränderung der Mentalität zum Guten vollzogen hätten. Man habe gelernt sich in der Not gegenseitig beizustehen, sich Hilfe und Rücksicht angedeihen zu lassen. Ich kann diese Prognose leider nur bedingt teilen, wenngleich ich gerne daran glauben würde. Denn der Mensch ist grundsätzlich träge. Es braucht mehr, viel mehr, dass er sich wirklich und wesentlich ändert, dass er seinen Egoismus überwindet. Dies ist die eine Seite der Medaille. Die andere ist: Vielleicht steht uns eine Zeit bevor, in der es für manche stressig werden könnte! Die Firmen und damit die Arbeitgeber haben aktuell vor allem ein Ziel: Sie wollen oder vielleicht noch eher müssen jenes nachholen, was in der Corona-Krise verlustig ging. Viele sind stark in die Minuszone geraten, produktionsmässig, wirtschaftlich, aus der sie gehauen oder gestochen raus müssen. In manchen Fällen wird es um das nackte Überleben von Unternehmen gehen und damit auch um die Erhaltung von Arbeitsplätzen. Andere Firmen sind weit von den ursprünglich gesetzten Jahresvorgaben entfern, müssen aufholen, um die Aktionäre zufrieden stellen zu können. Die Arbeitnehmer wissen um diese Situation und setzen alles daran, dass sie ihren Arbeitsplatz erhalten können. Also ist höchster Einsatz von Nöten.

Es ist schon sehr erstaunlich, wie viele Unternehmen anscheinend von der Hand in den Mund leben und keine Rücklagen für härtere Zeiten anlegen. Tatsächlich wäre es oftmals besser, statt der Erneuerung des Fahrzeugparks und der Auszahlung hoher Dividenden, dem Äufnen der Reserven ein grösseres Augenmerk zu schenken.

Corona hat uns folgende Erkenntnisse beschert:
- Der Mensch ist unglaublich flexibel und anpassungsfähig. Der grössere Teil unserer Bevölkerung hat sich diszipliniert an die Vorgaben des Bundesamts für Gesundheit gehalten. Das unbürokratische Umswitchen vieler Angestellten auf Home-Office war bemerkenswert. Die Beschulung der Kinder auf elektronischem Weg war beeindruckend gut. Auf diese Weise konnten viele Länder der Erde, insbesondere in Europa, die schwierige Lage einigermassen zufriedenstellend in den Griff bekommen. In Ländern mit teilweise darniederliegenden Gesundheitssystemen sind die Probleme erheblich grösser. Wie stets hat auch diese Krise jene Länder mit einem schwachen Gesundheitssystem härter getroffen als wohlhabende Nationen mit einer gut entwickelten medizinischen Infrastruktur. Letzte Studien zeitigen allerdings Unerwartetes: Indien, das höchst besiedelte Land der Erde und nicht für grosse Hygiene bekannt, beklagt relativ wenig Corona-Tote, obwohl die Verseuchung sonst nirgendwo höher ist. Massentests ergaben, dass man zum Beispiel in Delhi nahe an der Herdenimmunität angelangt ist, ein Resultat, welches die Regierung niemals konzeptionell angestrebt hatte. Der Grund: Mehr als die Hälfte der Menschen Indiens sind jünger als 25-jährig, sie spürten mehrheitlich den Befall der

Krankheit überhaupt nicht. Andererseits wurden Länder mit ignoranten Führern in der Regierung wie USA, Brasilien, Russland oder Venezuela durch die Pandemie auffallend härter gebeutelt als Nationen mit einer disziplinierten Bevölkerung und einer vernünftig agierenden Regierung. Der Virus hat bei den Erkrankten, den wirklich Betroffenen der Pandemie, viel Schmerz, Leid, Verzweiflung und Tod gebracht. Ihnen gehört unsere ehrliche Anteilnahme. In den Spitälern war die aufwendige Pflege nur durch den riesigen, teilweise selbstlosen Einsatz des medizinischen Personals zu bewältigen. Ihnen gebührt höchste Anerkennung und Dank.

- Absolut lächerlich dagegen ist das Verhalten jener Leute zu bewerten, die sich wegen der Nachteile über die Dauer der wenigen Wochen des Lockdowns beklagten: Das Partyvolk, das nicht mehr in Restaurants, Clubs und Bars feiern konnte. Festivalbesucher, weil Grossanlässe abgesagt wurden. Die Sportbegeisterten, die einerseits ihre Leidenschaft nicht aktiv ausleben konnten, andererseits auch keine Veranstaltungen mehr besuchen durften. Die Wanderer, die nun richtig zu Fuss gehen mussten, weil die Bergbahnen stillstanden. Die Freier, weil sich die Frauen nachhause verzogen hatten und die Etablissements dicht waren. Die Einkaufstouristen, weil die Konsumenten gezwungen waren im eigenen Land einzukaufen. Die Kinogänger, weil sie sich mit Netflix begnügen mussten. Die Ferienreisenden, weil sie den

Urlaub verschieben mussten. Die Vereinsmeier, weil sie ihre Aktivitäten mit anschliessendem Feierabendbier auszusetzen hatten. Die Kirchgänger, weil die Kirchen geschlossen waren und die Gläubigen sich nur per Fernsehübertragung, via Internet und Streamingdiensten an den Gottesdiensten zuschalten konnten. Die Alten, weil man sie zum eigenen Schutz zuhause oder im Heim arretieren musste. Keine Umarmung der Töchter und Söhne, kein Küssen der Enkelkinder. - Wie sind wir doch verwöhnt! Wie hat uns das gute Leben doch umtriebig, ja vergnügungssüchtig gemacht, dass wir ob diesen doch eigentlich bescheidenen Einschränkungen ein so grosses Aufheben machen! Ich las von Stimmen, welche die Coronakrise mit jenen Einschränkungen im Zweiten Weltkrieg verglichen – so ein Verhältnisblödsinn!

- Der Staat wurde, als wäre dies selbstverständlich, in Geiselhaft genommen, wurde genötigt für das normale Geschäftsrisiko vieler Unternehmen aufzukommen, beziehungsweise Bürgschaft zu leisten. Dies ist ein unglaublicher, ein bislang noch nie je da gewesener Vorgang in der freien Marktwirtschaft, das heisst ausserhalb eines nicht zentralistisch kommunistisch angelegten Wirtschaftssystems. Denn halten wir uns vor Augen: Wenn es um das Abkassieren der Gewinne geht, sind die Unternehmer und Investoren üblicherweise sehr zugeknöpft, diese mit dem Staat (womit die Allgemeinheit gemeint ist) zu teilen! Im Gegenteil: Steueroptimierung ist ein sehr beliebter und durchaus auch erfolgreicher Sport. Wie auch immer, das Staatssponsoring war legitim, weil dieses erst durch die Regierung und nachher durch das Parlament offiziell abgesegnet wurde. Immerhin warf unser Land, die kleine Schweiz, zirka 40 Milliarden aus und die Empfänger waren wohl nicht samt und sonders legitimiert dazu. Der Keuschheitsgürtel, der angelegt wurde, lautete: Dieses Agieren ist notwendig, um Arbeitsplätze zu erhalten. Immerhin hat die Regierung damit bewiesen, dass sie schnell handeln kann (womit sich unser Land in Normalzeiten in der Regel nicht besonders auszeichnet). Es hat sich ausserdem gezeigt, wie schnell man viel Geld locker machen kann, wenn es Not tut und die Politik von Links bis Rechts diese Not auch realisieren und sich einig ist. Auf jeden Fall könnte dies ein Präzedenzfall für die Zukunft sein, wenn weitere Begehrlichkeiten aufkommen, wenn vielleicht nach noch grösseren Geldern gerufen wird, zum Beispiel wenn es um den Umweltschutz geht. Länder wie die Schweiz, Österreich, Holland, Deutschland oder Skandinavien, die in der Zeit gespart haben, müssen sich jetzt in der Not keine allzu schweren Gedanken machen, wie man das Finanzloch stopfen kann. Im Fall der bislang schon ewig klammen Staaten werden die Corona-Kosten aber schwer drücken. Insbesondere die EU hat damit ein zusätzliches schwieriges Problem zu bewältigen und wird wohl gezwungen sein, einmal mehr seine Grenzen ertasten zu müssen.

Die Corona-Krise hat die Weltökonomie nach unten gezogen. Diese Situation hat den Goldpreis beflügelt, was noch einigermassen nachvollziehbar ist. Erstaunlicher hingegen ist, dass die Börse nach dem Taucher so euphorisch reagierte. Die Leitindexe haben – nach dem tiefen Fall infolge Corona - raketenartig zugelegt, in der Periode von 23.3. bis 9.6.2020 – als Beispiel - stieg der DAX um 52 Prozent, der Dow Jones um 47 Prozent, der SMI um 31 Prozent. Steigerungen dieser Dimension sind – würde man der Logik folgen - nicht nachvollziehbar, es sei denn, dass der Aktienmarkt damit erneut in drastischer Weise aufzeigt, wie unberechenbar er ist. Ich habe ernste Bedenken, dass es hier über kurz oder lang ein böses Erwachen geben könnte. Ich bin jedoch fest überzeugt, dass die wirtschaftliche Krise als Folge von Corona bald überwunden sein wird, insbesondere in den Industrieländern. Denn wie die Sterne auch stehen, es besteht nach wie vor weltweit eine gigantische Nachfrage nach all jenem, was produziert wird. Viele jener Leute, die den Job aktuell verloren haben, dürfen sich freuen, sehr bald wieder gefragt sein.

Allerdings gibt es schon Branchen, für die es in den nächsten Jahren zunehmend härter werden wird:

- *Die Automobil-Industrie.* Doch diese Krise ist keine Folge von Corona, sondern eine Strukturkrise. Denn Autokäufer sind verunsichert. Was soll man heute kaufen? Ein Benzin- oder Dieselauto, welche sich bislang technisch bewährt haben, aber für die Umwelt problematisch sind? Ein Elektroauto, bei dem der Anschaffungspreis relativ hoch ist und die bislang führenden Autobauer noch ein dürftiges Angebot haben? Oder wird schliesslich noch eine andere Antriebsart die Aufmerksamkeit auf sich ziehen: Gas? Wasserstoff? Möglicherweise noch was anderes?

- *Die Flugzeugindustrie.* Die meisten Fluggesellschaften weltweit werden ihren Flugzeugbestand generell reduzieren, was bei Neubestellungen dramatisch durchschlagen wird. Die Geschäftsleute haben durch Corona gelernt, dass es nicht in jedem Fall notwendig ist, sich persönlich zu treffen. Videokonferenzen sind oft taugliche Alternativen. Umweltschutz-Zuschläge bei Flugtickets werden Flugreisen künftig verteuern, sodass weniger gut Verdienende gezwungen sein werden ihr Urlaubsverhalten zu ändern. Überdies gibt es inzwischen in allen Volksschichten eine immer grössere Zahl von Menschen, die sich zum Ziel gesetzt haben, sich ökologischer zu verhalten, das heisst sich beim Reisen bewusst einzuschränken.

- *Die Touristik-Industrie.* Reiseeinschränkungen, ökologische Bedenken, ein Trend das eigene Geld wieder etwas besser zusammen zu halten, bewirken ein verändertes Reiseverhalten, was die Reisebranche empfindlich trifft. Vieles, was in den letzten Jahrzehnten überbordend gross geriet, wird sich zurücknehmen müssen: Ferienressorts, Kreuzfahrtschiffsgiganten, Riesenverkehrsflugzeuge und vieles mehr. Ein Trend zurück zur Vernunft, zur Normalität tut allenthalben gut, insbesondere auch der überforderten Natur. Uns geht es noch immer sehr gut, selbst wenn wir uns künftig von allem etwas weniger leisten werden.

3. Von meinem Schwiegervater, meiner Schwiegermutter und ihrer Tochter

Mein Schwiegervater Paul Meier, geboren 1899, starb 1998, erreichte somit ein Alter von 99 Jahre. Der Diakon, der die Abdankung hielt, fragte mich zuvor: „Was war Paul Meier für ein Mann?" Ich dachte nach. Eigentlich hätte ich dem Seelsorger so viel erzählen können von Paul, meinem Schwiegervater. Stattdessen sagte ich: „Schade, dass er nicht noch zwei Jahre angehängt hat. Dann wäre er ein Mensch gewesen, der in drei Jahrhunderten gelebt hat!! Zweifellos ist dies selten!" Der junge Diakon reagierte nachdenklich: „Wissen Sie, Herr Grabher, dort wo Ihr Schwiegervater jetzt angekommen ist, zählt das überhaupt nicht!"

Der Diakon hatte recht. Meinem Schwiegervater hätte diese Marke *in drei Jahrhunderten gelebt zu haben* nichts bedeutet (mal abgesehen davon, dass er sie ja auch nicht erreicht hat!). Paul hatte null Interesse an Sport, null Interesse an Rekorden, null Interesse an irgendwelchen Bestleistungen welcher Art auch immer. Sein Leben war unspektakulär. Dennoch war der Mann nicht gewöhnlich.

Pauls Vater war Schreiner in der Stadt St.Gallen mit einer kleinen Werkstätte. Gerne hätte der Grossvater meiner Frau grössere Gegenstände aus Holz hergestellt – Möbel, Schränke, Betten, Tische, Stühle, was Holzhandwerker eben produzieren zu normalen Zeiten, wenn die Konjunktur normal ist. Aber weil die Menschen vor dem Ersten Weltkrieg durchwegs bettelarm waren, gab es keine Aufträge dieser Art. Die Leute brachten dem Schreiner alte Möbelstücke zum Reparieren, wenn sie kaputt gingen. Ein Stuhlbein war abgefallen und der Schreinermeister stellte ein neues her und befestigte es am alten Stuhl. „Paul, geh zum Kunden und bring ihm den reparieren Stuhl vorbei. Kassiere gleich das Geld. Und damit kaufst Du einen Fünfpfünder für das Abendessen!" Paul erzählte mir, dass er sich als Kind schwor, nie so arm sein zu sollen, wie seine Eltern. „Und weisst Du, Fehler machten die auch noch dazu: Wenn man am Abend ein frisches Brot auf den Tisch stellt, isst die Familie den halben Laib! Dies ist ja logisch! – Wenn man arm ist, muss man darauf achten, stets altes Brot aufzutischen, denn davon wird dann weniger gegessen!"

Paul machte eine Lehre als Elektriker, ein Beruf, der damals als zukunftsträchtig galt. *In der Elektrizität liegt unsere Zukunft!* Nach der Lehre bewarb er sich bei der PTT als Telefonmonteur. Auch in Bezug des Telefons schienen die Sterne günstig zu stehen! Zu Beginn seiner Karriere arbeitete er in Zürich, dann wurde er ins Rheintal versetzt. Dort war er vor, während und nach dem Zweiten Weltkrieg jener Servicemonteur, der für das ganze Gebiet des Rheintals zuständig war für Servicearbeiten. Einen Kollegen hatte er nicht, er war der Einzige der Region. Wenn ein Telefon nicht richtig funktionierte, wurde Herr Meier von der Telefonzentrale in St.Gallen aufgefordert die Reparatur durchzuführen, was er gewissenhaft machte. Auch im Büro unseres Geschäftes waren seine Dienste hin und wieder gefragt. Natürlich ahnte ich, ein junger Mann, der ich damals war, überhaupt nicht, dass der PTT-Servicemann Meier dereinst mal mein Schwiegervater werden würde. Aber Herr Meier fiel mir auf, weil er alles so akkurat und gewissenhaft machte. Und immer ganz genau gleich: Nach Abschluss der Arbeit telefonierte er der Zentrale: „Hier ist Meier. Der Service ist durchgeführt. Fräulein, rufen Sie mich nun als Test unter Telefon Nummer sowieso an, damit ich sehe kann, dass alles wieder funktioniert!" Danach verabschiedete sich der freundliche Herr Meier und begab sich zum nächsten Kunden.

Als ich im Frühling 1967 bei Herrn und Frau Meier ganz förmlich um die Hand der Tochter des Hauses mit Namen Judith anhielt (ja, das machte man damals so, wenn man ein korrekter Mensch war, den ich sein wollte!), verdrückten die beiden älteren Leutchen einige kleine Tränen. Paul Meier begab sich ins andere Zimmer, holte dort eine Flasche Hochprozentigen und drei silberne Kelche, die schon ziemlich Patina angesetzt hatten, weil sie schon sehr lange nicht mehr benützt worden waren. Dann prosteten wir uns gegenseitig auf unser Glück zu. „Du bist uns der liebste Schwiegersohn, den wir uns vorstellen können!" Die Tochter des Ehepaars Meier fehlte bei dieser Gelegenheit, weil sie beruflich in Amerika weilte. „Judith und ich werden an meinem Geburtstag, 18. September, offiziell Verlobung feiern. Und an Judiths Geburtstag, am 25. November dieses Jahres, werden wir heiraten! Vorausgesetzt, dass ich Euch genehm bin!" Anna Meier schnupfte: „Ich habe seit je Gott gebeten, dass Judith keinen Mann mit dunkler Hautfarbe nachhause bringt! Nicht weil ich diese ablehnen würde oder nicht mag, sondern weil ich einen solchen Mann ja nicht verstehen könnte! Ich könnte nicht schwätzen mit ihm! - Lieber Gott, ich danke Dir, dass Du mein Gebet erhört hast!"

Eigentlich war Mutter Meier die Kupplerin von Judith und mir. Traf ich sie zufällig in der Post – dreimal im Jahr – fragte ich sie, wie es Judith gehe. Dies stand mir zu, denn immerhin war Frau Meiers Tochter mal mein Schulschatz in der ersten Klasse der Primarschule. Dabei erfuhr ich jeweils, wo in der Welt sich das Mädel gerade aufhielt. Mutter Meier war stets in ein und derselben Mission unterwegs, wenn sie zur Post ging, nämlich um einen Brief an ihre Tochter aufzugeben. Dann, nachdem wir uns ausgetauscht hatten, wendete Frau Meier jeweils den Briefumschlag, den sie in der Hand hielt, kramte umständlich einen Kugelschreiber aus ihrer Tasche und schrieb hinten aufs Couvert: *Herzliche Grüsse von Hermann*. Irgendwann fiel dieser Satz auf fruchtbaren Grund und ich bekam Antwort aus New York. Der Anfang von Judiths Brief an mich lautete: Du kannst mir ja nicht ein Dutzend Grüsse über meine Mutter zukommen lassen und ich reagiere nicht darauf... Bei einem späteren Heimaturlaub hatte es dann zwischen uns beiden gefunkt.

Nun denn, es gab terminliche Schwierigkeiten. Judiths Arbeitsvertrag in New York war vollendet und sie hatte sich anschliessend auf eine längere Reise durch USA, Kanada, Mexiko und Guatemala begeben. Den Kontakt hielten wir mit Briefschreiben. Andere Kommunikationsmittel existierten nicht, mal vom (sehr kostspieligen) Telefonieren abgesehen. Judith schrieb mir täglich einen Brief. Ich schrieb Judith gleichfalls jeden Tag einen Brief. Alle paar Tage wurden diese Briefe in ein Couvert gesteckt und zur Post gebracht. Ich hatte meine Post nach Denver Colorado postlagernd gesandt, nach L.A. Hauptpost postlagernd, nach Mexico City Hauptpost postlagernd... stets funktionierte alles perfekt. Irgendwann schrieb Judith: „Sorry, Liebster, ich schaff es terminlich nicht am 18. September zurück in der Schweiz zu sein!" Also schickte ich ihr den Verlobungsring postlagernd nach Memphis Tennessee am Mississippi. Die Verlobungsfeier an meinem Geburtstag in der Schweiz war deshalb speziell, weil bei dieser Celebration die Braut fehlte. Judith informierte mich, dass sie mich anrufen werde während unserer Verlobungsfeier. Als sich um Mitternacht die Braut noch immer nicht gemeldet hatte, wurde ich von der kleinen Festgesellschaft gehänselt: „Die versetzt Dich!" Aber schon eine Minute danach war es soweit. In den USA war ein Feiertag und die Telefongesellschaft hatte geschlossen. Also musste meine zukünftige Frau von einer öffentlichen Zelle aus telefonieren, dabei alle paar Sekunden eine Quartermünze in den Schlitz werfen. Bis sie so viele Coins beisammen hatte, dauerte es…

Paul Meier, mein Schwiegervater, verwendete seine ganze Freizeit damit sein weites Gelände zu urbanisieren. Er baute und betonierte. Es entstanden Mauern, Brücken, Stiegen. Ein Stall für Kaninchen, Meerschweinchen und Hühner. Ausserdem ein Balkon, um im Sommer draussen an der frischen Luft essen zu können. Sein grösstes Werk war ein Kraftwerk zur Stromgewinnung. Er baute eine Staumauer und staute damit einen seiner beiden Bäche zu einem kleinen Weiher auf. Wurde der Schieber geöffnet, schoss das Wasser durch ein Druckrohr zu einer zwanzig Meter tiefer gelegenen Turbine. Über einen Dynamo wurde kostenloser elektrischer Strom erzeugt, der zum Kochen, Bügeln oder Staubsaugen genutzt wurde. Nach einer halben Stunde, sobald der Weiher leer war, wurde der Schieber geschlossen, der elektrische Schalter umgelegt und anschliessend bezog der Haushalt den Strom wieder aus dem öffentlichen Netz, wie jeder andere Bürger auch. Paul Meier war ein Pionier in Sachen Ökostrom, ja eigentlich ein Visionär. Immerhin geschah dies vor weit über fünfzig Jahren.

Im Jahr 1964 wurde Paul Meier pensioniert. Er sagte: „Mann, bin ich froh, aufhören zu können. Ehrlich, ich hätte dem technischen Fortschritt nicht mehr folgen können!" Der Nachfolger bei der PTT war Max, sein Patensohn. Als Max ein Vierteljahrhundert später pensioniert wurde, sagte dieser zu mir: „Mann, bin ich froh, aufhören zu können. Ehrlich, ich hätte dem technischen Fortschritt nicht mehr folgen können!"

Ich hatte auf die Frage des Diakons zurück zu kommen: *Wer war Paul Meier?* – Die Antwort lautete: Er war mit Sicherheit der korrekteste Mensch, den ich in meinem Leben kennenlernte. Er brachte es zu etwas, ohne je ein grosses Gehalt generiert zu haben, weil er und seine Familie sparsam, genügsam und bescheiden lebten. Und gottesfürchtig war er, fromm auf eine stille Art! Dabei war er grosszügig. Seine Hand war stets weit geöffnet, genau gleich wie diejenige seiner Gattin. Er half, wo immer er es für angebracht erachtete. Er tat Gutes möglichst im Verborgenen, dies ohne weitere Fragen zu stellen!" Ich erzählte dem Diakon nichts von jenem, was Pauls Leben, insbesondere nach seiner Pensionierung als eine Art Passion dominierte: Das Bauen, das Betonieren. Denn ich teilte die Ansicht des Diakons: Dort oben, wo Paul eben angekommen war, hatte dies keine Bedeutung.

4.   Die Kirche bleibt im Dorf

Meine Frau und ich, wir sind seit über 50 Jahren verheiratet. Und noch immer haben wir Freude aneinander. Uns ist sehr bewusst, dass wir uns glücklich schätzen dürfen über dieses Privileg einer langen befriedigenden Partnerschaft. Zwar haben auch wir hin und wieder Meinungsverschiedenheiten. Aber wir beide wissen und sind uns sicher, dass jeglicher Knautsch eigentlich eine lächerliche Nebensächlichkeit ist und unsere Verbindung niemals in Frage stellen kann. Dispute können Paare einander sogar näherbringen, wenn der gegenseitige Respekt gewahrt bleibt und die nachfolgende Versöhnung in ehrlicher Gesinnung geschieht. Voraussetzung dafür ist, dass der Stolz abgelegt wird, was allerdings nicht immer ganz einfach ist. Jeder von uns beiden weiss, dass er absolut auf den anderen zählen kann und dies ist insbesondere im Alter von weit bedeutenderem Gewicht als jeglicher materielle Wert. Denn es beschert den anderen mit dem wichtigen Grundvertrauen, dass wir in jeglicher Lebenslage kompromisslos füreinander da sind, was immer geschehen mag. Zusammen mit Gottes Gunst, in der wir uns jederzeit wähnen, kann uns nichts und niemand etwas anhaben. Mit dieser Gesinnung trotzen wir mutig der Erkenntnis, dass nicht nur unsere Haare gezählt sind, sondern eben auch unsere Tage. Denn niemand kennt den Tag, noch die Stunde.

Wie kamen wir zu diesem Privileg einer glücklichen Ehe? Was haben wir dazu beigetragen, meine Frau und ich, was war unser persönlicher Verdienst? War meine einstige Wahl und ihr einstiges JA einfach das Happyend einer glücklichen Laune des Schicksals oder stand mehr dahinter? Weshalb war Judith schon in der ersten Klasse der Primarschule mein Schulschatz, wieso erwählte ich sie schon damals zu meinem Augenstern? Weshalb hängte sich die schöne Frau in der Folge nie endgültig einem anderen Manne an während ihrer sieben Wanderjahre in der weiten Welt, sondern kam zu mir zurück? Und warum drängte sich bei mir nie eine Frau besitzergreifend in mein Leben, obwohl ich frei war und sich mein eigentlicher Augenstern all die Jahre weit ausserhalb meines Blickfeldes befand? Wer ist so verrückt sein Schicksal zu hinterfragen, wenn er jung ist? Die Wahrheit ist: Die Liebe schlägt zu, ohne dass es dafür eine stichhaltige Erklärung gibt, es geschieht einfach. Die Glückshormone sprudeln und überwältigen, nehmen Besitz, man ist ihnen fast machtlos ausgeliefert. Es war wohl eher Fügung, nicht Zufall, dass Judith die richtige Frau für mich war und ich dies offensichtlich schon erkannte, noch lange bevor mir unter anderem auch mein Testosteron den glücklichen, den endgültigen Weg wies. Ja, wir können uns bis heute gut riechen, meine Frau und ich. Obwohl wir uns in diesen über siebzig Jahren, seit wir uns kennenlernten, gewandelt haben, mehrere Metamorphosen hinter uns gebracht haben.

Doch ernsthaft: Wie lange hält Verliebtheit? Und was passiert danach, wenn der Alltag eingezogen ist und die normalen Sorgen drängen, dabei auch weniger erfreuliche Tatsachen an den Tag kommen, nämlich nicht nur gute Charaktereigenschaften des anderen dem Partner zu schaffen machen? Dann entscheidet sich, wie tragfähig die Liebe ist, was in Wirklichkeit über jeglichem Banalen steht. Dann zeigt es sich, ob die Partner wahrhaft füreinander geschaffen sind, oder eben nicht. Das nackte Endresultat dieses Vorgangs, der die Spreu vom Weizen trennt, ist die Tatsache, dass heute nach dieser Endausmarchung fast die Hälfte aller Ehen geschieden werden. Dies ist ein harter Einschnitt im Leben eines jeden Betroffenen, insbesondere wenn Kinder da sind. Weitaus die wenigsten akzeptieren die Erkenntnis des Scheiterns der Partnerschaft leichten Herzens, im Gegenteil. Eine Trennung ist stets mit grossen Emotionen, mit Schmerzen verbunden, mit Traurigkeit, mit Vorwürfen an den Partner, aber auch an sich selbst.

Doch wir müssen akzeptieren, dass es im Leben Dinge gibt, die selbst bei allem guten Willen schlecht zusammenpassen. Zu einer Münchner Weisswurst trinkt man kaum Champagner! Es gibt Paare, die sich erotisch anziehen, sich im Grunde innig lieben, bei allem anderen aber ihre Vorstellungen weit auseinander liegen. Sie ist intelligent, gebildet, er hat noch nie ein Buch gelesen. Sie ist adrett und rank, er ist schlampig und lässt sich gehen. Er ist arbeitsam, fleissig, sie ist eine träge Minimalistin. Es ist oft rätselhaft, weshalb solche Paare einst zueinander fanden. Doch weit weniger rätselhaft ist, dass solch ungleiche Partnerschaften nicht selten scheitern!

In früheren Generationen war eine Scheidung auch bei grössten ehelichen Zerwürfnissen, ja selbst bei Gewalt kein Thema und das Paar hatte die Pflicht durchzuhalten, musste dabei nicht selten die Hölle auf Erden erdulden. Zum einen war eine Scheidung aus finanziellen Gründen völlig ausgeschlossen. Zum anderen schob die christliche Religion einen expliziten Riegel. Es hiess: *Was Gott verbunden hat, darf der Mensch nicht lösen!*

Die Gesellschaft hat sich verändert. Eine Frau hat heute einen Beruf und kann für sich selbst sorgen. Sie kann - nicht anders als der Mann – eine persönliche Entscheidung treffen, den Ehepartner zu verlassen, sich scheiden zu lassen, wenn sie am Ende ist und nicht mehr weiter weiss, oft nicht mehr weiter kann. Dies ist zumindest in unserem Kulturkreis so. Obwohl eine Scheidung auch heute noch kein Pappenstiel ist, sich hinzögern kann und nicht selten beträchtliche Anwaltskosten bindet, in jedem Fall viel Nerven kostet. Von den anschliessenden finanziellen Konsequenzen gar nicht zu reden!

Die religiöse Komponente spielt bei einer Scheidung in der heutigen Zeit nur noch eine untergeordnete Rolle, auch wenn die Unauflöslichkeit der Ehe nach wie vor mit jeglicher Konsequenz Gültigkeit hat – oder müsste es der Realität folgend eher *hätte* heissen? Doch was ist in der Zeit moderner Aufgeklärtheit noch verbindlich, was ist massgebend, gültig, was zu vernachlässigen!? Es scheint, als wäre der Religionsführung, insbesondere der katholischen, die fundamentalen gesellschaftlichen Veränderungen weitgehend entgangen. Doch in Wahrheit ist dem nicht so. Die Kirchenführung ist im Dauerdilemma. Sie ist entscheidungsschwach, verhält sich wie paralysiert, duckt sich wie das Kaninchen vor der Schlange. In dieser Erstarrung ist sie unfähig auf die neuen, unumkehrbaren gesellschaftlichen Gegebenheiten zu reagieren. Dies ist höchst schädlich – für die Kirche selbst, vor allem aber auch und insbesondere für die Gläubigen. Als praktizierender Katholik goutiere ich diese Schwäche an Entschlusskraft nicht, kann sie aber andererseits durchaus nachvollziehen. Denn ich bin Teil jener Generation, die eine ausgeprägte Tendenz hat am Alten, am Bekannten, am Traditionellen festzuhalten. Wir wurden völlig anders erzogen und sind in einem anderen Geist aufgewachsen, nicht zuletzt auch was die Religion und ihre Gebote betrifft. Unsere Generation besuchte jeden Sonntag pflichtgemäss und ohne den Hauch einer Widerrede die heilige Messe. Uns wurde *Keuschheit vor der Ehe* gepredigt. Uns wurde *Geburtenbeschränkung* verboten. Die *eheliche Pflicht der Frau* gegenüber dem Ehemann war eine Selbstverständlichkeit, ohne jeglichen Ansatz, der es wert war, darüber zu diskutieren. Andererseits waren *Ehe für Alle, Homosexualität und Abtreibung* Begriffe, die nicht mal in Betracht gezogen wurden, darüber nachzudenken, geschweige denn darüber zu diskutieren. Weil man nicht wünschte, dass sie existierten! Wie sollten die aktuellen kirchlichen Entscheidungsträger – mehrheitlich alte Männer – dazu gebracht werden, umzudenken, das fundamental in den Köpfen Eingebrannte zu verlassen? Wie sollten sie akzeptieren, dass auch Frauen das Recht beanspruchen die Priesterweihe zu empfangen, desgleichen verheiratete Männer!? Dabei kann man sich sogar ohne übermässig grosse Beanspruchung des Heiligen Geistes vorstellen, wie gut, wie heilsam es doch wäre den Einfluss einer weiblichen Komponente im Klerus zu spüren!

Als einer, dem in der Partnerschaft Glück beschieden ist, wähne ich mich befugt über allem zu stehen, um zum Beispiel ein Wort einlegen zu dürfen für alle diejenigen, welche einst eine weniger glückliche Wahl trafen. Sie sind Menschen, ganz normale Menschen, die nicht verdienen von der Kirche ausgeschlossen zu werden im Fall, dass sie eine neue Partnerschaft eingehen. Ich weiss, dass viele Seelsorger diese meine Meinung teilen und menschlich einfühlsam und tolerant handeln. Für diese persönliche Einstellung stürzen sie sich aber selbst in ein Dilemma, nämlich nicht mehr solidarisch mit der offiziellen Kirche zu handeln. Dies kann in vielerlei Hinsicht belastend sein.

Kürzlich habe ich mich in eine Diskussion eingemischt – das heisst, ich sah mich genötigt es zu tun! Ein Journalist einer bedeutenden Schweizer Tageszeitung hatte geschrieben, dass die Kluft zwischen der Gesellschaft und der Kirche immer grösser werde. Es wurden die üblichen Vorwürfe und Anklagen, die bekannten Gründe der Zerwürfnisse aufgelistet. Dazu noch einige persönliche Lappalien angefügt. Die Quintessenz lautete: Eine Kirche, die in Fundamentalopposition zum Volk stehe, dürfe sich nicht mehr Volkskirche nennen, sondern müsse sich gefallen lassen als Freikirche betrachtet zu werden, oder vielleicht noch eher als Sekte. Die Konsequenz müsste sein, dass die Kirche mit dem üblicherweise dominanten Turm künftig nicht mehr in der Mitte des Dorfes stehen dürfe, sondern an den Ortsrand verbannt gehöre. Und dies gelte erst recht für die Kathedralen in den Städten, die abgetragen werden müssten, dies wegen des Versagens der Bischöfe.

Wer so etwas schreibt, tut dies natürlich in erster Linie, um zu provozieren. Aber seriös betrachtet hat dieser Journalist das Wesentliche in der Sache nicht begriffen, nämlich dass eigentlich nur eines wichtig ist, nämlich der Glaube von uns Christen an Gott und seiner Liebe zu uns Menschen. Jesus hat uns erlöst und weist uns die Richtung zum Guten. Wir Menschen haben ein feines Gespür dafür, was gut ist und was nicht gut ist, was uns näher bringt zu ihm und ihn zu uns. Dies ist auch der Hauptgrund, weshalb ein Teil der vom Vatikan verfügten Leitlinien von einer Mehrzahl der

Gläubigen als von reduzierter Bedeutung eingestuft werden. Doch der Zug fährt unbeirrt weiter, auch wenn der Fahrplan Mängel aufweist! Solange noch 37.5 Prozent der Schweizer Bevölkerung sich offiziell als Katholiken registrieren lassen und 24.7 Prozent der Protestanten, dafür den entsprechenden Steuerobolus entrichten, dürfen sich diese Religionen durchaus noch als Volksreligionen bezeichnen. Wenn meine Frau und ich am Wochenende die Messe mitfeiern, sind diese Gottesdienste durchwegs gut besucht. Offensichtlich teilen alle diese vielen Menschen in der Kirche mit uns die Erwartung oder wohl noch eher die Gewissheit, in diesen Gottesdiensten Wertvolles mitnehmen zu können, um die Prüfungen der Woche in Zuversicht und positivem Geist bestehen zu können. Denn wir sind ja keine aktiven Christen, weil wir unserem Pfarrer, dem Bischof oder dem Papst gefallen wollen. Uns sind die zehn Gebote und das Wort Gottes wichtig und wir versuchen nach Möglichkeit Jesus zu folgen. Wenn wir uns mit gewissen kirchlichen Leitlinien nicht abfinden können, sind wir der Überzeugung, dass diese unsere Stimme des Einspruchs legitim ist, sie uns zusteht. Sie sollte nicht ignoriert werden, sie sollte wichtig genommen werden zum Wohle von uns allen.

N.B. Ich schätze unseren Papst Franziskus hoch, er ist ein guter, weiser Mensch. Ich weiss aber zugleich, dass er nicht derjenige ist, der den Staub der Väter mutig abzustreifen vermag. Leider sind mir persönlich mit meinen bald 80 Jahren nicht mehr viele Jahre der Hoffnung auf eine Wende beschieden.

5. Jugend

Jede Jugend hat in ihrer Zeit eine eigene, eine ganz unver-
wechselbare Kultur, geprägt durch die Gesellschaft, geprägt
insbesondere auch durch die jeweiligen besonderen Umstände und Ereignisse, die allerdings sämtliche Alters-
schichten beeinflussen, nicht nur die Jugend. Meine Grosseltern wurden in eine Zeit hinein geboren, in der die Ansprüche des Individuums gering waren. Jene Generation musste
nicht nur einen armseligen Lebensstandard ertragen, sondern sie wurde auch noch durch die Katastrophe des Ersten
Weltkriegs geprüft. Meine Eltern wurden in ihrer Jugend
mit den Problemen der Wirtschaftsdepression zwischen den
beiden Weltkriegen konfrontiert, was bedeutete, dass sie mit
der harten Realität eines niedrigen Lebensstandards zu rin-
gen hatten. Die Weltwirtschaft lag darnieder, die Lebensumstände waren schwierig, das Leben eigentlich ein einziger
Kampf! Mit dem Ausbruch des Zweiten Weltkriegs wurde
unsere Vorgeneration zudem noch von einem zusätzlichen
Unheil getroffen. Es war eine Epoche, in der die Menschen
jegliche Veranlassung gehabt hätte zu verzweifeln. Doch
das Gegenteil war der Fall, die Leute verloren den Mut nicht.
Jene Generation wuchs in der Not, die Menschen fanden für
die meisten Probleme eine Lösung, obwohl diese oft wie riesige Berge vor ihnen standen. Ein Schlüssel dazu war der
Glaube, die Religiosität einer Mehrzahl der Leute. Gebete
trugen die Menschen. Sie verloren die Hoffnung nicht, sie
bauten darauf, dass es mit Gottes Beistand besser werden

würde. Auch bestand Vertrauen in die Regierungsleute unseres Landes – der Schweiz. Man fühlte sich verbunden, sich in der Not gegenseitig Hilfe angedeihen zu lassen.

Meine Generation – die Menschen der heutigen plus / minus 80-Jährigen – konnte andererseits aufatmen. Denn bei uns ging nach dem Zweiten Weltkrieg die Morgenröte der Hoffnung auf. Wir bauten darauf, dass die prüfungsreichen Jahre endgültig hinter uns liegen würden. Wir hofften, dass die Mächtigen dieser Welt ihre Lektion aus der Vergangenheit gelernt hatten und uns nicht noch einmal ein ähnliches Schicksal widerfahren würde, wie es bei unseren Eltern und deren Eltern passierte. Lehrer und Erzieher, Seelsorger und Politiker, wie auch unsere eigenen Erzeuger und Ernährer predigten uns Jungen, wie wichtig und notwendig es sei, eine gute Ausbildung zu machen, um wohl vorbereitet ins Berufsleben einsteigen zu können. Um damit die Basis für einen sicheren Broterwerb zu legen. Dieses Mantra war vor allem für den männlichen Teil der Jugendlichen bestimmt, weniger für die Mädchen, denn die waren bestimmt zu heiraten, Kinder zu kriegen und Familien gross zu ziehen. Die damaligen Autoritäten unseres Landes hängten in realistischer Weise das Damoklesschwert der Arbeitslosigkeit über unsere Häupter, jenes Desaster, das sie noch erlebt hatten und somit noch immer in ihren Köpfen herumgeisterte. In der Tat konnten wir uns als Glückpilze betrachten, wenn wir unser junges Leben mit dem Leben unserer Vorgängergenerationen verglichen. Der Vater meines Vaters (geboren 1886), also mein Grossvater väterlicherseits, wohnhaft in Lustenau / Vorarlberg, kam im ersten Weltkrieg im Feld zu Tode. Somit war mein Vater Halbwaise. Mein Vater (geboren 1913) wurden 1942 von der Deutschen Wehrmacht im

Zweiten Weltkrieg eingezogen, denn er lebte mit seiner Familie zwar schon Jahre in der Schweiz, war aber gemäss Pass noch immer Österreicher. Was trug er Schuld, dass die Deutschen Nationalsozialisten sein Geburtsland Österreich kassiert hatten und in der Folge alle jüngeren Österreicher den Kopf für eine fremde, vornehmlich verachtete Macht hinzuhalten hatten, wobei Tausende von ihnen dies mit dem Leben bezahlten?! Welch grausames Schicksal! Hitler raubte meinem Vater – so wie Millionen anderen Männern auch – vier wertvolle Jahre des Lebens für weniger als NICHTS! Die Zeche bezahlen mussten auch alle Mütter und Ehefrauen, wie auch die Kinder der Krieger. Die Männer waren über Jahre hinweg abwesend, viele davon kehrten gebrochen als Krüppel zurück oder gaben ihr Leben im Feld, Tausende blieben verschollen in anonymem Niemandsland. Im Fall meiner Mutter bekam sie für den Einsatz ihres Gatten im Kriegsdienst keine müde Mark, weil sie ausdrücklich darauf verzichtete. Mama lehnte stolz (oder sagen wir treffender störrisch) jegliche Vergütung ab, war bereit für sich selbst und ihre Familie aufzukommen mit der Begründung, von einem Unrechtsregime kein Geld anzunehmen.

Wir damaligen Jungen der Nachkriegszeit erkannten die Chancen, die in der Zukunft liegen würden, davon gingen wir aus. Niemand wollte es verpassen auf den aufwärtsstrebenden Zug aufzuspringen. Unsere Generation war vom absoluten Willen getrieben ein besseres Leben zu bekommen als die Vorgängergenerationen. Entsprechend kam irgendwann eine gewaltige Dynamik ins Spiel, die in späteren Jahren auch zu einer Überbordung einerseits und einer Gegenreaktion andererseits führte. Insbesondere in Städten wie Zürich führte dies (ab 1968) zu Jugendkrawallen mit sich renitent gebenden Gruppierungen. Bei uns auf dem Land waren Themen dieser Art Nebenschauplätze, die wir kaum nachvollziehen konnten, eigentlich ignorierten. Ich persönlich verabscheute diese Rebellion, betrachtete sie als Anarchie, befeuert von Leuten, die offensichtlich wenig mit Arbeiten am Hut hatten. Auch wenn gewisse Anliegen der damaligen Jugend in den Städten wohl legitim waren.

Auch in der heutigen Zeit sind die Jugendlichen mehrheitlich von grossem Ernst beseelt, versuchen in den Pflichtschulen sich in eine gute Position zu hieven, um für den Ernst des Lebens, nämlich einem fortführenden Studium oder einer Berufslehre gewappnet zu sein. Ihnen ist bewusst, dass die Ziele nur mit einem seriösem Lernwillen, also harter Arbeit – nebst der notwendigen Intelligenz - zu erreichen sind. Eltern, Erzieher und Berufsberater pauken dies mit Inbrunst in die Köpfe der Kinder und Jugendlichen. Selbstverständlich gehört das Interesse der Jugend auch anderen Themen, welche gerne als „Nebensächlichkeiten" bezeichnet werden, in Wirklichkeit aber wichtig sind. Zum Beispiel Sport, Reisen, Kunst, Musik und Gesang, sowie manch anderen kreativen Tätigkeiten. Noch in keiner Zeit der Vergangenheit hatten die jungen Leute ein derart weit gefächertes Chancenangebot für ein sinnerfülltes und angenehmes Leben vor sich wie heute. Junge können gewiss sein, dass die Arbeitswelt sie mit offenen Armen erwartet, wenn sie ein gutes Basis-KnowHow, sowie eine positive Arbeitshaltung in die Waagschale werfen können. Dies bedeutet nichts anderes als eine hohe Garantie zu haben, dass die Lebensexistenz künftig weitgehend auf stabilen Beinen stehen wird.

Unsere Firma bildete Lehrlinge in unterschiedlichen Berufsgruppen aus: Mechaniker, Maschinenzeichner, Kaufleute. Bei Letzteren war ich persönlich als Lehrmeister zuständig und somit auch verantwortlich. Es war mir stets ein Anliegen, dass diese mir anvertrauten jungen Leute eine gute Abschlussprüfung machten. Ich wurde nie enttäuscht – im Gegenteil. Allerdings hielt ich schon bei der Auslese meiner Auszubildenden ein Auge darauf, wie sich ein Junge, ein Mädchen bei der Vorstellung präsentierte. Dabei ging es nicht nur - aber auch - um akzeptable Schulnoten. Ein Elternhaus, in dem die Kinder Anstand und Benehmen lernen, ist stets eine gute Grundlage, die beim Nachwuchs positiv durchschlägt und sich auszahlt. Ein Mensch mit angenehmen Umgangsformen kommt in jeder Lebenssituation besser an.

Heute als alter Mensch habe ich nur noch wenig Kontakt zu Jugendlichen, verfüge über wenig Gelegenheit persönlich zu erleben, wie die heutige Jugend in der Realität tickt. Ich habe keine Enkelkinder und somit auch keine Urenkel, denen ich den Puls messen könnte. Aber ich habe Neffen und diese haben Kinder. Ich erfahre täglich in der Öffentlichkeit, wie sich heutige Jugendliche benehmen, erlebe wie sie sich aller sich bietenden elektronischer Helfer bedienen und diese am kleinen Finger haben – sie sind damit aufgewachsen! Sehr schnell lassen die Kinder der letzten Generation von ihrem Teddybären, ihrer Lieblingspuppe ab und halten stattdessen ein Smartphone oder ein Tablet in den Händen. Damit hat man Zugang zu allem, das über die Nasenspitze hinaus geht. Es wäre töricht auf die Gefahren hinzuweisen, die für Kinder in diesem Zusammenhang bestehen. Alle Eltern und Erzieher dieser Welt kennen diese Probleme selbst zur Genüge und haben ihre eigenen Lösungsansätze. Es liegt in ihrer Verantwortung und jener der Lehrer ihrer anvertrauten Jugend den guten Weg zu weisen. Andererseits hat die Corona-Krise deutlich gemacht, welche Chancen und Möglichkeiten die elektronische Kommunikation bieten kann. Die Schulen mit ihren Lehrern, wie auch die Schüler mit ihren Eltern, legten eine exzellente Kreativität und Flexibilität an den Tag, um trotz aller Hindernisse Wissen zu vermitteln, beziehungsweise Wissen aufzunehmen.

Wenn ich die heutige junge Generation mit der Generation unserer eigenen Kinder (im Alter von plus/minus 50) vergleiche, sind die Unterschiede erheblich. Die Dominanz der elektronischen Kommunikationstechnik hat alles verändert. Als unsere Tochter vor etwa einem Vierteljahrhundert das Gymnasium besuchte, wurde ich vom Rektorat ihrer Schule angefragt, ob ich bereit wäre im Elternrat mitzuwirken. Die Schulleitung argumentierte, dass schliesslich schon unser acht Jahre älterer Sohn an dieser Kantonsschule maturierte. Es stehe mir an, mal meinen Elternbeitrag für einen Zyklus von drei Jahren zu leisten. Zu Beginn wurde ich Argloser kalt geduscht, viele Vorgänge konnte ich vorerst nur schlecht einordnen. Ich wurde mit Themen von Fünfzehn- bis Zwanzigjährigen konfrontiert, die ich lieber nicht kennengelernt hätte, die mich ängstigten: Zum Beispiel Drogen, vorwiegend Haschisch. Der Rektor der Schule erkannte damals mein Unbehagen, meinen Schreck und beruhigte mich fürsorglich: „Lieber Hermann, jede Generation junger Erwachsener hat seine Probleme, die es zu meistern gilt. Bei uns war es der Alkohol! Damals war meine Mutter völlig ahnungslos, der Vater vielleicht etwas weniger. Wurde ich ein Alkoholiker? Nein, ich wurde es nicht! – Ich kann Dir versichern, ich möchte Dich beruhigen, dass wir das Problem Haschisch in unserer Schule gut im Griff haben!" Als ich unsere Tochter in der Folge darauf ansprach, lachte sie nur und sogar noch fröhlich, sagte: „Mach Dir keine Sorgen, Väterchen!"

Wenn wir in diesem Jahr 2020 ein Jubiläum feiern, nämlich 75 Jahre ohne Krieg in Europa (ich klammere jetzt mal die Probleme in Irland und den Jugoslawien-Krieg 1991 - 2001 aus), dürfen und müssen wir dankbar sein. Global betrachtet gab zwar über Jahrzehnte hinweg nach dem Zweiten Weltkrieg schon noch einen Krieg, nämlich den *Kalten*. Dieser spaltete Ost und West mit einer Kluft, die unüberbrückbar schien. Doch dieser Krieg wurde nicht aktiv geführt, war vor allem ein sinnloses gegenseitiges Aufrüsten mit nuklearen Drohungen hüben wie drüben. Aber irgendwann radierte sich der Kommunismus dann selbst aus – ein Ereignis, das ich mir zwar stets gewünscht hatte (nicht anders als die meisten Menschen diesseits des Vorhangs), es aber mir nie hätte vorstellen können. Doch ehrlich, wer hätte vor zwei Jahrzehnten geahnt, dass Länder wie China oder Russland (Verfechter des Kommunismus) es bewusst zulassen würden, dass sich in ihren Gemarkungen die grösste Anzahl von Milliardären etablieren konnte (zusammen mit den USA, Japan und der Bundesrepublik)!? Aber klar: Viele dieser Taycoone sind genau jene cleveren, meist sich überaus rücksichtslos gebenden Treiber, die hinter dem erstaunlichen wirtschaftlichen Aufschwung der entsprechenden Nationen stehen. Übrigens: Es gibt weltweit 19.6 Millionen

Millionäre, davon 438'000 in der kleinen Schweiz (somit jeder 20. Einwohner unseres Landes!).

Ich möchte noch einmal einen Blick zurück werfen in jene Zeit, die ich noch erlebte und die sich die heutige Generation gar nicht mehr vorstellen kann: Der jüngste Bruder meiner Mutter – Herbert, Österreicher, geboren 1930 - wurde 1945 von der Deutschen Wehrmacht, die bereits im Endstadium der Agonie lag, als Soldat eingezogen, obwohl der Bub noch nicht mal 15-jährig war. Nur ein glücklicher Umstand ersparte ihm den *Heldentod*, den seine unglücklichen Kollegen ausnahmslos erlitten: Ein Ausbildungsoffizier erkannte im jungen Mann seinen ehemaligen talentierten Schüler im Gymnasium. Er sagte: „Herbert, um Dich ist es zu schade, geh wieder nachhause!" Der Offizier stellte dem Jungen ein Dokument aus, das ihm erlaubte, regulär heimzukehren, noch bevor das Tausendjährige Reich endgültig in Schutt und Asche fiel. Kenner der Familie offenbarten in felsenfester Überzeugung, dass in Wahrheit das Gebet der Mutter dieses Wunder vollbrachte.

Herbert, mein Onkel, der nur 10 Jahre älter war als ich, dem ich Trauzeuge war bei seiner Heirat mit Hadwig und ihren vier Kindern Taufpate, dieser Herbert war ein talentierter Fussballer, der später im Erwachsenenalter zu einer lokalen Sportgrösse heranreifte. Nach einem Sonntagsspiel der Junioren an einem Nachmittag im Sommer 1946 setzte sich Herbert zusammen mit seinem Kollegen Edi ans Rheinufer und schaute rüber in die Schweiz, wo seine Schwester (meine Mutter) lebte – weniger als 300 Meter Luftlinie entfernt. Mit knurrendem Magen malten sich die Jungs aus, wie es dort drüben wohl wäre im friedlichen Paradies, zum Bei-

spiel mit leckeren Speisen die Freuden des Lebens zu geniessen. Die grossen Buben – 16-jährig - konnten letztlich dieser
Verlockung ihrer Fantasie nicht widerstehen. Sie warteten
geduldig bis die Grenzpatrouille der Französischen Besatzung an ihnen vorbeigezogen war. Dann entledigten sie sich
der Kleider bis auf die Unterhosen, versteckten Hosen und
Hemden sorgfältig unter einem Busch und stürzten sich in
die kalten Fluten des Rheins, schwammen ans Schweizer
Ufer. Diesen Fluss schwimmend zu durchqueren brauchte
damals wie heute Entschlossenheit, Courage, Ausdauer und
trainierte Muskeln. Am Schweizer Ufer angekommen, hielten die Burschen Ausschau nach Schweizer Zöllnern, denn
auch diese hätten ihnen noch einen Strich durch die Rechnung machen können. Anschliessend galt es noch den Bin-
nenkanal schwimmend zu überwinden und die Bahnlinie
zu überqueren. Dann standen Herbert und Edi triefend nass
und mit einem breiten Lachen im Gesicht auf dem Eingangs-
balkon unseres Hauses. Obwohl ich damals erst 6-jährig
war, sehe ich die beiden Gestalten noch immer vor mir, als
wäre es gestern gewesen. Meine Mutter erschrak zu Tode,
freute sich natürlich andererseits auch über das gänzlich un-
erwartete Wiedersehen mit ihrem jüngsten Bruder – auf den
Tag genau 17 Jahre weniger alt als sie. Die Mutter suchte
eilig nach Kleidern meines Vaters (der noch immer nicht zuhause, sondern in Kriegsgefangenschaft war) und die Burschen streiften diese über. Die Hosen und Hemden waren
viel zu weit für die noch nicht ausgewachsenen Körper der
Jungs, aber wen kümmerte es schon, dass sie sich wie Vogel-
scheuchen präsentierten. Die Mutter hängte sich sofort ans
Telefon, erklärte unserem Metzger die besondere Situation,

fragte, ob sie – obwohl es Sonntag war – etwas Wurstaufschnitt holen dürfe. Danach gab es ein Festmahl mit nachfolgendem Kuchen und Kaffee. Alle waren sehr aufgekratzt und glücklich, erzählten, hörten nicht auf mit Geschichtenerzählen. Doch bekanntlich gibt es nie im Leben eine wundervolle Zeit, ohne dass danach ein Drama folgen muss. Der Abend brach herein und mein junger Onkel und sein Freund mussten den Weg zurück antreten, was meine Mutter mit allen Mitteln zu verhindern suchte. Doch es gab keinen alternativen Weg, die jungen Burschen mussten zurückschwimmen, was mit vollem Bauch allerdings viel einfacher sei, wie sie betonten. - Was würde man in der heutigen Zeit selbstverständlich vereinbaren? „Ruft bitte sofort an, wenn Ihr es geschafft habt!" Damals eine Illusion! Ein Telefongespräch zwischen der Schweiz und Österreich war praktisch unmöglich. - Noch Jahre später war sich Herbert sicher, nie wieder je so gut gegessen zu habe wie damals bei seiner Schwester in der Schweiz, weder vorher noch nachher.

Ein anderer Bruder meiner Mutter – Anselm – kehrte 1948 aus der Russischen Gefangenschaft nachhause. Er war 1938 als Rekrut der Deutschen Wehrmacht eingezogen worden, opferte somit die schönsten zehn Jahre seines Lebens einem verhassten Regime. Karl, Pirmin und Gebhard (Gebi), drei weitere Brüder meiner Mutter, kehrten ein Jahr zuvor – 1947 - aus der Kriegsgefangenschaft heim. Dabei hatten sie alle ein reiches Mass an Glück – oder vielleicht noch eher Gottes Beistand, dass sie zumindest mit dem Leben davongekommen waren. Onkel Gebi war sehr sportbegeistert wie alle seine Brüder. Er war ein Alpinist, der nicht nur alle höchsten Berge Europas X-fach bezwungen hatte, sondern auch auf Afrikas Dach, dem Kilimandscharo stand. In reiferen Jahren

beteiligte er sich an Langstreckenläufen, wurde Europa-
meister im Marathon der Senioren. Dieser Gebi, 22-jährig,
hatte nach seiner Rückkehr aus dem Krieg den sehnlichen
Wunsch im Jahr 1948 die Olympischen Winterspiele in
St.Moritz persönlich zu erleben. Sein Problem war, dass er
kein Geld hatte, weil er zwischenzeitlich wieder die Schulbank der Handelsschule drückte und somit erwerbslos war.
Die Kosten des Eisenbahntickets nach St.Moritz und zurück
verbrauchte das ganze Kapital, das er gespart hatte. Beim
Kollegen, der ihn begleitete, war die Situation kein Jota besser. Auch er war ein Kriegsrückkehrer und mittellos. Für das
leibliche Wohl hatten sie vorgesorgt: Sie hatten reichlich
Proviant dabei, geräucherte Speckseiten vom Schwein, das
Gebis Mutter aufgezogen hatte, sowie auch Brot und Most,
den der Vater aus eigenen Birnen gewonnen hatte. Die Be-
zahlung eines Eintritts lag nicht drin. Aber die Kontrollen
waren lasch. Ins Gelände der sportlichen Wettkämpfe hinein
zu schleichen war für ehemalige Krieger kein Problem. In
der Schweiz hatten die Leute Vertrauen zueinander, niemand rechnete damit, dass jemand mogeln würde. Die Burschen gingen auch nicht davon aus, dass Übernachten ein
grösseres Problem darstellen würde, sie hatten den lokalen
Wartsaal der Rhätischen Bahnen ins Auge gefasst. Die beiden jungen Männer hatten sich auf den Wartebänken ge-
mütlich eingerichtet, als um Mitternacht der Bahnhofvorste-
her den Wartsaal abschliessen wollte. Der Beamte erklärte
den beiden Burschen, dass sie diesen Raum verlassen müssten, dies sei eine Vorschrift, für die er geradezustehen habe.
Aber vor der Tür stand das Quecksilber bei ungemütlichen
minus 25 Grad. Die beiden jungen Männer erklärten dem

RhB-Beamten, dass sie kürzlich aus der Russischen Gefangenschaft entlassen wurden und somit gar kein Geld hätten. Oder höchstens österreichisches Geld, das niemand wolle. Der Bahnhofvorstand liess sich überreden, dass die Jungs bleiben konnten. „Aber nur eine Nacht, nicht mehr!" Während der Beamte noch einmal Kohle in den Ofen des Wartsaals nachschob, schickte er sie nochmals nach draussen, um das Nachtpipi zu erledigen. Am nächsten Morgen um sechs wurde wieder aufgeschlossen. „Gut geschlafen?" „Sehr gut, danke!" Die beiden jungen Vorarlberger fanden die Schweizer immer noch grossartiger. An einem Ständchen im Olympischen Gelände wurden Gratiszigaretten verteilt. So etwas hatten sie noch nie je erlebt. Da wurde immer wieder von neuem hintenangestanden und die Taschen gefüllt. Und in anderen Buden wurden Gratisgetränke und Biscuits und Schokolade verteilten – Reklamemuster. Einfach unglaublich! Unter diesen Umständen kam eine Heimreise an diesem Tag nicht in Frage. Eigentlich war der Stationsvorstand der RhB nicht mal überrascht, als er die Jungs um Mitternacht des nachfolgenden Tages wieder im Wartsaal antraf. Er sagte zwar: „Burschen, das könnte Ihr nicht machen mit mir…" aber eigentlich war es ein lauer Widerstand. Der Beamte konnte die beiden unmöglich in die eisige Kälte der Nacht hinausjagen, dafür war sein Herz zu weich. Ab der dritten Nacht schlossen der Stationsvorstand und die beiden jungen Männer einen Deal: Die Jungs erzählten von ihren Kriegserlebnissen, dafür wurde ihnen erlaubt weiterhin den Wartesaal als Schlafstätte zu benutzen. Ab der vierten Nacht nahm auch die Gattin des Bahnbeamten an den abendlichen Sitzungen teil, denn auch sie interessierte sich für die Kriegsabenteuer. Als Gegenleistung steuerte die

Frau die Resten des Abendmahls der Familie bei und brachte am Morgen ein Frühstück in das untere Stockwerk. Dieser Nahrungsmittelzuschuss war jetzt mehr als willkommen, denn zwischenzeitlich war nicht mehr viel übrig geblieben vom einstigen Proviant. Auf diese Weise verlängerte sich das Olympiaabenteuer meines Onkels und seines Kollegen so lange, bis die Olympische Flamme endgültig erloschen war.

Eine Passion meiner eigenen Jugend war – nebst der absoluten Bereitschaft Leistung im Beruf zu erbringen, mich sportlich zu betätigen. Ausserdem lag mir viel daran die Welt zu erkunden. Das war in den Jahren nach dem Krieg nicht so ganz einfach. Im Jahr 1960, als ich zwanzigjährig war, kaufte ich mein erstes Auto. Persönliche Mobilität war mir wichtig. Das Auto war ein gebrauchter *Renault Heck*. Das kleine Wägelchen kostete 800 Franken. Mein etwas jüngerer Bruder Werner und ich hatten eben die Autoprüfung hinter uns gebracht. Wir hatten gemeinsam zehn Fahrstunden benötigt. Der alte Fahrlehrer Schawalder erwähnte gegenüber unserem Vater verblüffend ehrlich: „Diesen Buben brauche ich nichts mehr beibringen, die fahren jetzt schon besser als ich!" Die Fahrprüfung zur Erlangung des Führerscheins war eine Formsache, obwohl es der Experte diesem kecken Bürschchen – mir - nicht einfach machen wollte: Ich musste in der Stadt St.Gallen den ganzen Berg von der Innenstadt bis nach St.Georgen im Rückwärtsgang hochfahren. Das grösste Problem an der Sache war die limitierte Sicht nach hinten wegen der winzigen Heckscheibe und des Fehlens eines Aussenspiegels auf der rechten Seite (was damals keine Vorschrift war). Anschliessend befahl mir der Experte zu einer bestimmten Adresse in der Stadt zu fahren, wo ich einparken musste. Dann verschwand der Prüfer in diesem Haus für zwanzig Minuten, befahl mir zu warten. Als der Experte zurückkam, sagte er zu mir: „Bestanden!" Bei Werner lief die Autoprüfung ähnlich ab.

Werner und mir ging es nun darum unser Auto in der Praxis zu testen. Also fuhren wir los, kamen aber vorerst nicht weit. In Konstanz wollte das Auto nicht mehr weiterfahren und wir wurden abgeschleppt. In der Garage stellte man den Bruch der Antriebswelle hinten links fest. Der Mechaniker sagte: „Dies ist eine bekannte Krankheit dieser Modellreihe!" Die Reparatur kostete 51 DM und dezimierte unser Budget schon zu Beginn der Reise nicht unerheblich. Danach ärgerte uns das Auto aber nur noch einmal, nämlich ohne Unterbruch, das heisst, bis wir wieder zuhause angelangt waren: Die Karre zog heftig nach links, sodass man ohne Unterlass kräftig Gegensteuer geben musste. Am Ende der Reise hatte sowohl mein Bruder wie auch ich Schwielen an den Händen wegen der Knochenarbeit am Steuer. Als ich den Mechaniker der lokalen Garage, die mir das Auto verkauft hatte, darauf ansprach, sagte er: „Wie blöd seid Ihr denn eigentlich?!" Er legte sich kurz unter das Auto, schraubte etwa drei Minuten herum und von diesem Zeitpunkt an lief das Auto einwandfrei geradeaus.

Ach ja, diese Reise! Sie führte uns nach Holland, Belgien und Frankreich, genauer nach Zandvoort, Brüssel und Paris. Im holländischen Seeort war gerade *Grand Prix Zeit* der Motorräder. Am meisten beeindruckten uns nicht die schweren, sondern die kleinen Maschinen mit 50 ccm, Rennmotorräder von Kreidler und Derbi, mit Motoren, die eigentlich für Mopeds entwickelt wurden. Auf der Gerade liefen sie mit über 150 Sachen… Werner ging nach der Reise sofort ans Werk und baute ein altes Moped zu einer sehr lauten Rennmaschine um – doch dies ist eine andere Geschichte! Am Montag nach dem Rennen war die Rennstrecke von Zandvoort wieder offen für jedermann. Wer bereit war 30 Gulden auf den Tisch zu legen, durfte mit seinem ordinären Strassenauto im Renntempo eine Runde hinlegen und diese wurde gestoppt. Wir übernachteten im Zelt neben der Rennstrecke. Die drei Jungs aus Bremen mit einer der furchtbarsten Kisten jener Zeit - einem Lloyd - konnten der Versuchung nicht widerstehen und quälten das armselige Vehikel um den Rundkurs bis es in die Knie ging: Eine Achse war gebrochen. Danach bockten sie das Auto zwischen ihrem und unserem Zelt auf und reparierten endlos, bekamen es aber bis wir uns verabschiedeten nicht mehr fit. Werners Überredungskunst reichte nicht aus, dass ich mein Auto hergab auch eine Runde im Renntempo zu drehen. Mir war wichtiger wieder heil nachhause zu kommen. In Nordfrankreich hatten wir eine Reifenpanne und der dunkelhäutige Mechaniker, der uns bediente, fragte uns, ob wir aus China kämen, unser CH-Zeichen am Auto würde darauf hindeuten. Werner und ich zogen gemeinsam mit unseren Fingern die Augen nach aussen, sodass sie zu Schlitzaugen wurden und wir antworteten: „Oui, oui!" Die anderen Werkstattmenschen lachten zwar ihren Kollegen aus, wussten aber selbst nicht, was CH bedeutete. Auch in Brüssel und in Paris übernachteten wir jeweils auf einem Campingplatz. Doch für die Stadtbummel zogen wir jeweils unsere edlen Anzüge an, plus weisses Hemd mit Krawatte. Wir leisteten uns sowohl auf dem Eiffelturm wie auch im Atomium jeweils ein

4-Gang-Menue, das nicht zu verachten war. Die Serviertochter auf dem Eiffelturm fragte uns, ob wir aus der Schweiz kämen. Sie sei sicher, dass es nur in der Schweiz so vornehme junge Männer gebe, die sich ein edles Essen dieser Art leisten könnten. Dieser Luxus war nur möglich, weil wir zuvor gespart hatten: Wir legten weniger als zehn Französenfranken hin für die Übernachtung auf dem Zeltplatz *Le Bourget* inmitten eines Zigeunerlagers.

In jener Zeit hatten wir einen Kollegen, den wir Hugo nannten, obwohl er nicht Hugo hiess. Sein Vater war verstorben, er hatte Hugo ein schönes Erbe vermacht. Dieses Geld brauchte der junge Mann sukzessive auf für Kurse und Lehrgänge im Fliegen. Er hatte das Ziel Berufspilot zu werden. Hugo hatte einige Mankos, die ihn hinderten, zügig seinem Berufsziel näher zu kommen: 1) Hugos Englisch war weniger als rudimentär, dies obwohl er schwor, sehr hart zu lernen. 2) Wenn immer etwas Aussergewöhnliches geschah, verlor Hugo schnell die Nerven – ein Charakterzug, der für einen Piloten sehr unvorteilhaft sein kann. Hugo eignete sich Flugstunden an, um mehr Routine zu erwerben. Immer wieder lud er Werner und mich ein mitzufliegen. Für uns war das attraktiv, weil wir damit kostenlos die Welt von oben betrachten konnten. Hugo mietete jeweils ein Flugzeug und wir hoben ab in die Höhe. Als die Sommerferien vor der Tür standen, fragte mich Hugo: „Kommst Du mit, ich beabsichtige an die Riviera zu fliegen? Ich bezahle die Flugzeugmiete und Du und zwei Kollegen kommen für den Sprit auf!" Leider steckte Werner in Schulprüfungen und war aus diesem Grund unabkömmlich. Es war aber einfach zwei andere Jungs zu finden, die gerne mitreisten: Mein Freund Charles (ein Junglehrer und Offizier) und Moser (Metzger mit eben vollendetem Lehrabschluss). Wir alle vier waren ähnlich alt, ich mit 21 Jahren der Älteste. Hugo holte in Grenchen das Flugzeug ab und überführte es nach Altenrhein, wo wir drei zustiegen. Unser erstes Ziel war Lugano-Agno. Wir luden unser Gepäck ein, das schwer war, weil es unter anderem auch ein Zelt enthielt. Darin wollten wir übernachten. Der Chef des Flugplatzes und zugleich Hugos Fluglehrer in Altenrhein nahm mich beiseite und sagte zu mir: „Du kennst Hugo, er ist nicht immer berechenbar! Ich will, dass Ihr wieder lebendig zurückkehrt. Ich habe Hugo eben dringend abgeraten abzufliegen, weil über dem Alpenkamm zu viele und zu hohe Cumuluswolken liegen. Und ein Gewitter zieht auf! – Du bist der Älteste, zeige Verantwortung und bremse ihn!" Nun versuchte ich also mit Hugo dieses Problem zu besprechen. Aber Hugo blieb stur: „Wir haben uns vorgenommen zu fliegen und wir fliegen! Pasta! Die Wolken über den Alpen sind kein Problem, da fliegen wir darüber und dahinter auf der Südseite ist Sonnenschein! Wenn es kritisch wird, kehren wir um!" Obwohl mich der Flugplatz-Chef verzweifelt anschaute, war ich nicht der Entscheider, sondern nur der Fluggast. Also stiegen wir ins Flugzeug. Hugo sagte: „Hermann, Dein Sitz ist neben mir, weil Du besser Englisch sprichst als ich. Wenn es brenzlig wird, musst Du mir helfen!" Doch das war ein Trugschluss. In Wahrheit war mein Englisch zu jener Zeit kaum besser als das von Hugo. Der Tower gab uns Starterlaubnis, unser Pilot gab Vollgas und brüllte: „Heb ab, du Luder, heb ab du Luder…" Wir strichen Zentimeter über die Baumkrone des Apfelbaums am Ende der Piste. „Verdammt, hatte ich glatt vergessen, die Flaps einzuziehen!". Hugo zog nun rasch die Flaps ein, die bei der Landung zur Reduktion des Auftriebs dienen und nach jeder Landung sofort einzuziehen sind. Nun gewann das Flugzeug sofort an Höhe. Es war reines Glück, dass die *Cessna 175* überhaupt abgehoben hatte. Je weiter wir das Rheintal gegen Süden hochflogen, umso dunkler wurde es um uns herum und die Wolkendecke unten schloss sich. Hugo brummte: „Jetzt gibt es kein Zurück mehr!" Der Wolkenturm vor uns war mächtig, ja gigantisch. Hugo suchte nach einem Wolkental in diesem weissen Ungetüm, denn höher als 4'500 Meter schaffte unsere Maschine nicht. Wir stachen durch die obersten Fetzen der Wolke und eine Milchsuppe umfing uns. Hugo schwitzte und Moser murmelte: „Ich habe Angst! Und mir ist übel!" Es rüttelte heftig und wir hatten keine Ahnung mehr was oben und unten war. Aber dann waren wir wenige Sekunden später durch und weit unter uns breitete sich das Tessin aus. Hugo zog die Nase nach unten und drosselte den Motor. In steilem Winkel verloren wir Höhe. Hugo fragte mich: „Muss ich jetzt das linke oder das rechte Tal nehmen!" Meine Antwort lautete, ohne die Karte zu konsultieren: „Links natürlich! Rechts befindet sich der Lago Maggiore und Locarno!" Hugo landete sicher in Agno. Nachdem wir ausgestiegen waren, erbrachen alle drei Passagiere in die Büsche am Rand der Piste. Der schnelle Höhenverlust hatte uns mitgespielt. Nur Hugo lachte. Auch er war blass im Gesicht, überspielte aber seine Übelkeit pilotengerecht. Wir bestellten ein Taxi: „Zum Campingplatz, bitte!" Der Taxifahrer wollte zuerst unser Zielort nicht begreifen - kommen mit dem Privatflugzeug und übernachten im Zelt…! Am nächsten Morgen tankten wir die Maschine auf und flogen weiter nach Genua. Die Piste dort ist als Arm ins Meer hinaus gebaut. Der Pilot muss über dem Wasser eine Volte ziehen und von der Meerseite her landen. Aber nicht dieses etwas anspruchsvolle Manöver machte Hugo Bauchweh, sondern Genua war und ist ein normaler Airport für Linienverkehr. Funk in Englisch ist somit Pflicht. Hugo meldete sich korrekt an, wie er es gelernt hatte. Hugo schwitzte. Er wurde vom Tower ordnungsgemäss eingewiesen und er landete korrekt. Alles ok. „Du kannst es ja!" sagte ich zu Hugo und er freute sich über seine Leistung. Wir tankten das Flugzeug auf, tranken im Restaurant einen Kaffee und flogen weiter zum Tagesziel Cannes. Im Anflug zum Flugplatz dieser Stadt gerieten wir in den Bereich des internationalen Flughafens von Nizza. Die Leitzentrale rief Hugo auf, sich zu identifizieren. Hugo meldete sich korrekt in Englisch an und erwähnte auch die Destination Cannes, geriet aber in Panik, als man ihm den Weg mit eng begrenztem Raum und den Höhenlevel zuwies, um Nizza zu passieren. Unser Pilot hatte nun aber keine Ahnung, wie er dies bewerkstelligen sollte. Er blickte mich fragend an und ich zuckte die Achsel. Hugo switchte kurzentschlossen den Funk aus und rief: „Ich bin kein Verkehrsflugzeug, ich darf auch ohne Funk fliegen!" So kam es, dass unsere winzige *Cessna 175* nur knapp hinter einem riesigen Flieger im Landeanflug den Weg kreuzte und wir auf diese Weise die Flugkontrolle mit Sicherheit in helle Aufregung versetzten. Wie auch immer, Hugo schwitzte und landete sicher in Cannes. Dort ging es erneut zum Campingplatz, wo wir einige nette Tage am Meer genossen. Neben uns residierten drei französische Mädchen in einem Zelt und Hugo bandelte mit ihnen an. Sie fragten ihn, ob er ein Auto habe, sie würden gerne eine Spritztour machen. Hugo antwortete, dass wir mit einem Privatflugzeug angereist seien, was die Girls nicht glauben wollten. Also lud Hugo sie ein und machte einen Rundflug mit den jungen Damen. Damit sammelte Hugo Bonuspunkte, die aber soweit keinen Nutzen für ihn hatten. Denn am nächsten Morgen machten wir uns früh auf zur Rückreise nach Grenchen. Es war ein ruhiger Flug bei schönstem Wetter. Hugo wettete gegen sich selbst, diese Strecke in weniger als vier Stunden zu schaffen. Also drückte er auf die Tube und wir kamen tatsächlich vor der geplanten Zeit an. Allerdings hatte dies seinen Preis: Als wir ausstiegen, sagte der Flugplatzmensch zu Hugo: „Du hast den Flieger überfordert. Du hast es unterlassen Öl nachzufüllen. Du hast eine Rauchfahne hinten nachgezogen! Hast Du die Warnlampe nicht gesehen? Noch fünfzig Kilometer und der Motor hätte unweigerlich blockiert! Dann wärest Du mit einer Notlandung gefordert gewesen, mein Lieber!" Hugo erschrak, noch mehr allerdings über die Kosten der Reparatur des Leihfliegers. Wegen *grober Fahrlässigkeit* musste Hugo eine Rechnung von mehr als 12'000 Franken bezahlen. So war es im Flugzeug-Mietvertrag vereinbart worden. Übrigens: Hugo wurde tatsächlich Berufspilot. Bevor er grosse Verkehrsjets pilotierte, verdingte er sich jahrelang in Afrika als Buschflieger und als Sprayer von Insektiziden in der Landwirtschaft. In seiner Fliegerkarriere stürzte er dreimal ab, ohne sich dabei je ernsthaft zu verletzen. Eine Beule am Kopf war die einzige Blessur. Und diese zog er sich wie folgt zu: Es war Winterzeit und Hugo hatte sich verflogen, komplett die Orientierung verloren. Weil der Benzintank leer war, musste er aufs Geratewohl durch die Wolkendecke stossen und es war reines Glück, dass er gegen keinen Berg prallte. Hugo erblickte eine wunderschöne, mit Schnee bedeckte Ebene. Darauf landete er glatt. Nur ganz am

Schluss drehte sich das Fluggerät g-a-n-z l-a-n-g-s-a-m über die Nase um 180 Grad, wie in Zeitlupe, weil sich die Räder in den matschigen Schnee gebohrt hatten. Hugo und seine drei Passagiere schauten sich verblüfft an, waren irritiert: Alle vier hingen Kopf nach unten in den Gurten. Einer nach dem andern löste seinen Sicherheitsgurt und jeder fiel Kopf voran auf die Kabinendecke, die nun unten war. Jeder von ihnen trug eine Beule am Kopf davon. Dann kraxelten sie aus der Maschine und jeder rieb sich die Birne. Dreissig Sekunden später versank die Piper langsam und lautlos im Wasser. Hugos Landepiste war in Wirklichkeit ein zugefrorener kleiner See in der Auftauphase. Als Hugo mir das erzählte, schüttelte er den Kopf wie ein unwilliges Pferd. „Weisst Du, was mich am meisten nervte? Diese meine Passagiere waren doch drei bestandene Männer, die gerne grosse Sprüche klopften. Jetzt aber hatten sie jeglichen Mut verloren. Als der Propeller vor uns so ganz unvermittelt stillstand, der Motor verstummte, flennten sie Memmen gleich: Hugo, wir sind verheiratete Männer, wir haben Frau und Kinder zuhause, wir haben Familie! Wir wollen nicht sterben! Darauf antwortete ich: Im Gegensatz zu Euch habe ich weder Frau noch Kinder, keine Familie, nur eine alte Mutter. - Glaubt Ihr wirklich, dass ich deswegen lieber sterbe als Ihr?"

6.   Tempo, Tempo

Es ist nachvollziehbar, dass der Begriff Tempo für einen Achtzigjährigen nicht die gleiche Bedeutung hat wie für einen Zwanzigjährigen. Rückblickend, aus der heutigen Sicht des Seniors, mit Distanz betrachtet, wundere ich mich allerdings schon über gewisse Vorgänge, insbesondere in meiner ferneren Vergangenheit, die ich einst bedenkenlos, eigentlich wie selbstverständlich mit mir geschehen liess.

Als Geschäftsmann hatte ich in den Sechziger-, Siebziger- und Achtziger-Jahren sehr viel zu reisen, in der Schweiz, in Europa und dann zunehmend auch in anderen Kontinenten. Kundenbesuche im Umkreis von tausend Kilometern (und teilweise auch noch deutlich darüber) bewerkstelligte ich bevorzugt mit meinem Auto. Ich war mit meinem Wagen meist nicht wesentlich länger unterwegs als mit dem Flugzeug, aber sehr viel flexibler. Dieser Umstand brachte es mit sich, dass ich mit den Jahren weit über eine Million Kilometer mit dem Auto zurücklegte. Auf diese Weise erlebte ich die Entwicklung des Automobils in jenen drei Dezenien physisch am eigenen Leib. In den Sechzigern und auch noch in den Siebzigern war die Technik und der Qualitätsstandard der Autos ziemlich bedenklich, insbesondere im Vergleich mit heutigen Automobilen. Rost befiel die Autos schon auf dem Prospekt, witzelte man. Defekte waren nicht selten, doch nicht weniger ärgerlich als heute. Dennoch wurden diese Vehikel allgemein als Lichtblicke betrachtet, dies insbesondere im Vergleich mit den Autos der Kriegs- und Nachkriegsjahre, einer Periode der technischen Stagnation.

Denn während des Zweiten Weltkriegs musste die Mehrzahl der privaten Autos stillgelegt werden, weil in der Schweiz das Benzin trotz harscher Rationierung immer knapper wurde und zuletzt kaum mehr zur Verfügung stand. In der Not wurden Autos mit monströsen Holzvergaser-Installationen nachgerüstet: Am Heck oder in einem separaten Anhänger befand sich eine Art Ofen, der mit Abfallholz gespeist wurde. Der auf diese Art gewonnene Rauch – Holzgas - wurde dem modifizierten Verbrennungsmotor zugeführt, wodurch das rare Benzin ersetzt werden konnte. Ausserdem produzierten die Emserwerke in Graubünden - ebenfalls aus Holzabfällen - Bioethanol, einem Produkt, mit dem normales Benzin im Verhältnis 20:80 gestreckt wurde. Dieser Alternativ-Treibstoff, im Volksmund abschätzig *Emserwasser* genannt, konnte die damalige Benzinknappheit nach dem Krieg immerhin ein wenig dämpfen, bis sich in den Fünfzigern die Situation langsam normalisierte.

In den späteren Siebzigern und den Achtzigern vollzog sich dann ein Innovationsschub: Es kamen nun qualitativ stark verbesserte Automobile auf den Markt, was insbesondere Autofahrern zu Nutze kam, die professionell auf ein zuverlässiges Auto angewiesen waren. Da unser Hauptabsatzgebiet zur damaligen Zeit Deutschland war, bewegte ich mich viel auf Deutschen Autobahnen und dies schnell und effizient. Das Verkehrsaufkommen war damals wesentlich bescheidener als heute und natürlich herrschte auf der Autobahn in Deutschland schon damals keine grundsätzliche Tempolimitierungen - nicht anders als heute. So war es beispielsweise möglich, dass ich in Hamburg noch bis nach 17 Uhr eine Sitzung bei einem Kunden hatte, mich danach ins Auto setzte und noch vor Mitternacht zuhause in meinem

Bett lag. Oder dass ich in einem Tag von Oslo zurück in die Schweiz fuhr. Dabei war es selbstverständlich, dass ich am nächsten Morgen um sieben Uhr wieder in meinem Büro am Schreibtisch sass. Mir war wichtig, dass mich die Mitarbeiter in unserer Firma als Vorbild wahrnahmen.

Mein grösstes Problem bei meiner geschäftlichen Reisetätigkeit war, dass ich immerzu von Terminen getrieben war. Ich befand mich permanent in einem harschen Kampf mit der Zeit. Das Resultat war, dass ich oft gezwungen war so schnell als nur möglich zu fahren. In einer Zeit, in der das mobile Telefon höchstens Wunschdenken war, zwang mich mein Terminplan immer wieder eine öffentliche Telefonzelle aufzusuchen, um meinem nächsten Kunden meine Verspätung mitzuteilen. Dies war nie gerne gesehen, vor allem aber nervte es mich selbst. Mein Schutzengel und meine Routine halfen mir in all den Jahren unfallfrei über die Runden zu kommen, obwohl ich eigentlich permanent nicht umhin kam eine Portion Risiko zu nehmen. Die Tachonadel pendelte auf Deutschen Autobahnen, insbesondere nachts und bei ruhigem Verkehr, oft stundenlang jenseits der 200 Km / h. Verkehrsbussen setzte es für mich äusserst selten ab. Ich gab mir Mühe innerhalb der vorgeschriebenen Tempolimiten zu bleiben.

Mein eisernes Motto war voraus zu schauen, eine Gefahr zu erkennen, bevor sie Unheil anrichten konnte. Es ging mir darum mich aus kritischen Situationen möglichst raus zu halten. Ich erinnere mich: Anlässlich eines gigantischen Massenunfalls auf der N1 vor St.Gallen an einem späten Nachmittag im November krachten in beiden Richtungen mehrere Dutzend Autos ineinander, weil innert Sekunden ein kompakter Schneeschauer vom Himmel fegte und die

Autobahn in eine gefährliche Rutschbahn verwandelte. Ich hatte Probleme geahnt, weil sich wenige hundert Meter weiter vorne plötzlich eine schwarze Wand aufgetürmt hatte. Ich dirigierte mein Fahrzeug impulsiv nahe zum Pannenstreifen und reduzierte sofort massiv die Geschwindigkeit, betätigte gleichzeitig die Warnblinker. Einige Fahrzeuge überholten mich in einem kompakten Pulk, begannen wenige Augenblicke später wie führerlos zu kreiseln und krachten ineinander. Ich ging von der Bremse, steuerte mein Vehikel mit viel Gefühl und sanften Bewegungen rechts und links um die ineinander verschachtelten Autos, erkannte aus den Augenwinkeln, dass auf der Gegenfahrbahn das identische Drama passierte. Dabei kamen mir unterwegs zwei abgeschlagene Räder von der Gegenseite entgegen, denen ich jeweils haarscharf ausweichen konnte. Zwei Autos der Gegenfahrbahn setzten sich Huckepack auf die Mittelleitplanke und schleiften Funken sprühend mir entgegen, knapp an mir vorbei und fielen – welch ein Glück, wie im Zeitlupentempo von mir registriert - gerade nicht auf meine Seite. Nach einem halben Dutzend Drifts am Limit hatte ich wieder freie Fahrt. Im Rückspiegel beobachtete ich, dass immer noch weitere Autos auf den Schrotthaufen auffuhren und dies in beiden Richtungen. Ich war mir recht sicher der einzige gewesen zu sein, der dem Inferno unbeschadet hatte entrinnen können. Meine Frau auf dem Nebensitz schaute mich mit grossen Augen an und sagte entsetzt: „Was war denn das eben...!" Meine Antwort: „Eben… hatten wir ziemlich Glück!" Wenige Minuten später vernahmen wir aus dem Radio: „Autobahn N1 St.Margrethen – St.Gallen nach einer Massenkarambolage in beiden Richtungen gesperrt! Fahren Sie vorsichtig, denn die Strasse ist glatt!"

Ich war auch als Jugendlicher kein Leichtfuss, mein Verhalten war grundsätzlich eher überlegt, zurückhaltend, das Gegenteil von kopflos. Doch Geschwindigkeit, Dynamik jeglicher Art faszinierte mich stets, nahmen mich in Beschlag. Irgendwann fühlte ich aber, dass es besser sei den Bleifuss vom Gaspedal zu nehmen. Es setzte bei mir ein Werdegang der Reifung ein – ein positiver Prozess, eine Art kontinuierter Steigerungslauf hin in Richtung Vernunft, der mir gut bekam. Ich hatte die fünfzig überschritten und meinen Geschäftsanteil des Familienunternehmens an meinen jüngeren Bruder und seine Familie abgegeben. Dies war ein Vorgang, welcher den Druck von mir nahm, permanent Höchstleistung bieten zu müssen.

Wie man weiss, ist das Leben des einzelnen Individuums in Relation zur Gesellschaft als Ganzes kaum von Bedeutung - es sei denn, dass man derjenige ist, der Amerika entdeckt hat oder jener, der das Schiesspulver erfand! Bei einer Selbstbetrachtung mit Focus auf die persönliche Entwicklung ist es aber zumindest interessant, das eigene Leben mit dem Ablauf des allgemeinen historischen Geschehens zu vergleichen. Mein Fazit ist wenig überraschend: Das Leben der Menschen und damit ihr Befinden hat sich im Zeitfenster meines eigenen Lebens, also seit Ende des Zweiten Weltkriegs bis heute, dramatisch verändert. Die fortlaufende Entwicklung der Technik, insbesondere in den letzten Jahrzehnten mit dem dominanten Aufkommen der Digitaltechnik, veränderte die Lebensbedingungen der Menschheit fundamental. In diesem Zeitabschnitt wurde die Gesellschaft in unserem Land nicht nur nach meinem persönlichen Empfinden, sondern auch statistisch nachweisbar zunehmend humaner, grosszügiger, auch sozialer eingestellt. Dies parallel zur wirtschaftlichen Entwicklung, nämlich dass der Durchschnitt der Menschen in unserem Land jedes Jahrzehnt noch einige My wohlhabender wurden. Man erkennt diese positive Entwicklung nicht zuletzt auch darin, dass Fehlentwicklungen und Strukturmängel der Vergangenheit in den letzten Jahrzehnten seriös aufgearbeitet wurden: Zum Beispiel die Erkenntnis, dass der aktive Schutz der Umwelt fundamental wichtig ist. Oder die generelle Absage an jegliche Form von Korruption. Der Ausbau aller Sozialwerke zugunsten Kranker, Verunfallter, Arbeitsloser und Rentnern. Die Unfallprävention im privaten Bereich, im Sport, am Arbeitsplatz und auf den Strassen. Es wurde das Bewusstsein geschärft, dass Anfeindungen aus religiösen Motiven, Rassendiskriminierung, Ausgrenzung von Minderheiten mit sexuell unterschiedlicher Ausrichtung nicht toleriert werden dürfen. Die Benachteiligung der Frau am Arbeitsplatz weicht sich zunehmend auf, wenn auch noch immer nicht mit der gewünschten Dynamik. Offensichtliche Benachteiligungen sind gefallen und es gelten grundsätzlich gleiche Rechte für Mann und Frau in der Gesellschaft, in der Ehe und Familie. Bei Entmündigungen von Frauen und Müttern in Not wird dagegengehalten. Einstige Opfer, die als Verdingkinder von der Gesellschaft eine Ausgrenzung erfuhren, wurden abgegolten. Dazu gab es eine Aufarbeitung der dornenvollen, mehr als beschämenden Affaire um die nachrichtenlosen Vermögen aus der Zeit um den Zweiten Weltkrieg auf Schweizer Banken, die vornehmlich Verfolgte des Naziregimes, mehrheitlich Juden, betrafen.

Bei diesem Wandel hatte sich in vielen Fällen öffentlicher Druck entfaltet und die Politik war gefordert zu reagieren. Es geschahen fortlaufend Ereignisse, bei denen man erkannt hatte, dass etwas nicht korrekt war, dass etwas nicht stimmte, etwas drohte aus dem Ruder zu laufen oder war eben schon aus dem Ruder gelaufen und bedurfte einer Korrektur. Ereignisse solcher Art betrafen allerdings nicht nur unser Land, sondern auch die Weltgemeinschaft. Soweit es die einzelnen Länder betraf, setzten ihre Parlamente und Regierungen mittels laufend ausgegebener Erlasse neue Gesetze und damit unmissverständliche Grenzen. Weltweit versuchte man durch Staatsverträge schwierige Situationen oder Konflikte zu entschärfen. Globale Organisationen, in denen die meisten Länder der Erde Einsitz haben, suchten nach gerechten Lösungen bei der Vermittlung zwischen sich feindlich oder zumindest nicht freundschaftlich gegenüberstehenden Nationen. Weil die Menschen der letzten Generationen erkannt hatten, dass Krieg in jedem Fall die schlechteste aller Lösungen ist, wurden 1945 die Vereinten Nationen (UNO) in San Francisco gegründet. Wichtige Untersektionen folgten: 1946 die UNICEF in New York, die Organisation zum Schutz des Kindes. 1948 in Genf die WHO, die Welt Gesundheitsorganisation.

Heute – 75 Jahre nach Kriegsende – kennen wir das Resultat dieser Entwicklung und all dieser Bemühungen: Unser Leben ist eines voll von Regeln und Einschränkungen geworden, uns wurden immer engere Fesseln angelegt, ohne dass uns dies eigentlich richtig und schon gar nicht vollumfänglich bewusst wurde. Doch dies ist der Preis, den wir zu bezahlen hatten und haben für ein relativ sorgenfreieres, sichereres, vor allem aber gerechteres Leben, das wir heute (zumindest in unserer Hemisphäre) führen dürfen.

In der Folge stieg die Lebenserwartung. Während 1960 die Menschen in der Schweiz im Durchschnitt auf 70 Jahre kamen, steht heute die durchschnittliche Lebenserwartung bei über 83 Jahren. Es ist klar, dass auch die Fortschritte in der Medizin einen erheblichen Beitrag an dieser Entwicklung beigetragen haben, zusammen mit einer gesünderen Ernährung und einem deutlich bewussteren Hygieneverhalten. Die Wissenschaft versorgte nicht nur die Fachgremien, sondern auch uns – die Allgemeinheit - laufend mit einem immer breiteren Wissen und entsprechenden Empfehlungen und Lösungsvorschlägen. Daraus gediehen nicht selten Erlasse durch den Staat, die mehrheitlich ernst genommen wurden und werden.

Wenn ich sage, dass meine Faszination all jenem gilt und galt, das sich schnell bewegt, beinhaltete dies unter anderem auch Verkehrsflugzeuge, genauso wie schnelle Eisenbahnzüge – in der heutigen Zeit mit Sicherheit keine sehr aufregenden Themen mehr! Am Anfang dieser Entwicklung nach dem Zweiten Weltkrieg waren die aufkommenden schnellen Massenverkehrsmittel hingegen eine Sensation. Der Einsatz von Verkehrsflugzeugen mit Düsenantrieb setzte allerdings schon sehr bald breitflächig ein und erzeugte nur zu Beginn dieser Entwicklung Aufsehen. Sehr schnell wurden Düsenverkehrsflugzeuge bei längeren Reisedistanzen unverzichtbar, ersetzten die altgedienten Propellermaschinen und waren letztlich für jegliche Volksschicht verfügbar. Jets sind nun seit vielen Jahrzehnten Massenverkehrsmittel, genauso selbstverständlich wie jegliches andere öffentliche Verkehrsmittel am Boden oder zu Wasser.

Am Anfang dieser Entwicklung nach dem Zweiten Weltkrieg bezahlten Reisende allerdings noch einen hohen Preis, wenn sie sich als Passagiere einem Jet anvertrauten. Die Flugtickets waren nicht nur enorm kostspielig, sondern das

Fliegen war ausserdem risikobehaftet: Es passierten Unfälle! Technisch noch nicht ausgereifte Flugzeuge wurden zu früh für den offiziellen Transport von Menschen frei gegeben. Britische und amerikanische Firmen hatten sich einen Wettlauf geliefert mit dem Ziel das erste mit Düsenantrieb ausgestattete Verkehrsflugzeug auf den Markt zu bringen. Stets waren es Konstruktionen, welche die Flugzeugbauer auf der Basis einer Kombination von grossen Passagier-Propellermaschinen und bislang im Militäreinsatz bewährten Jets kleinerer Bauart entwickelt hatten. Im Jahr 1949 erfolgte der Jungfernflug des *Comet* von de Havilland – einer Pionierleistung der damaligen Zeit. Dieses Flugzeug war ein eleganter vierstrahliger Tiefdecker für zirka 40 Passagiere ausgelegt. Ab 1952 wurde das Flugzeug von BOAC (British Overseas Airways Corporation) kursmässig eingesetzt. Die Flughöhe bei diesen Maschinen war zirka 12'000 Meter. Dies bedeutete, dass das Fliegen nun nicht nur viel leiser und im Vergleich mit Maschinen mit Propellern und Kolbenmotoren vibrationsärmer war, sondern eben auch mit weniger Turbulenzen behaftet, weil man sich über dem üblichen Wettergeschehen bewegte. Die Reisegeschwindigkeit betrug jetzt bis 800 Km/h. Zum Vergleich: Mit Verkehrsflugzeugen mit Propellermotoren reiste man mit zirka 480 Km/h und in Flughöhen um die 7000 Metern. Der Comet hatte jedoch Nachteile: Die vier Triebwerke waren durstig, weshalb man bei einem Flug von London nach Johannesburg fünfmal zwischenlanden musste zum Auftanken. Damit verspielte man einen bedeutenden Teil jener Zeit, die man durch die höhere Reisegeschwindigkeit grundsätzlich gewann. Doch das Ungeheuerliche war: Der Comet wies Konstruktionsfehler auf, die man eigentlich schon vor der Zertifizierung registriert hatte, die man aber infolge des bestehenden Zeitdrucks verdrängte: 1) Statt stärkere Düsenaggregate von Rolls Royce zu verwenden, setzte de Havilland auf vorhandene, im Grund zu schwache Antriebsaggregate aus eigener Produktion mit Namen Ghost. 2) Das Flügelprofil wies einen Querschnitt auf, der für hohe Geschwindigkeit ausgelegt war, bei Start und Landung aber sehr wenig Auftrieb verlieh. Es bedurfte in jedem Fall viel Gefühl und Geschick der Piloten. 3) Um Gewicht zu sparen, war das Flugzeug sehr filigran gebaut, sodass die Piloten mokierten, ein Flugzeug mit Silberpapier als Aussenhaut zu fliegen. Der Rumpf musste andererseits nun dem Aussendruck der höheren Geschwindigkeit standhalten, sowie den höheren Innendruck (wegen der grösseren Flughöhe) aushalten. An kritischen Stellen entstanden schon bald Haarrisse, die so weit gediehen, dass Flugzeuge letztlich in der Luft auseinanderbrachen. In den Jahren 1952 bis 1954 stürzten insgesamt fünf Comet-Maschinen ab mit insgesamt über 100 Toten. Oftmals handelte es sich um prominente Leute. Der britische Premier Winston Churchill war schliesslich gezwungen ein Flugverbot für den Stolz der Briten, dem geliebten Comet, auszusprechen – schmerzhaft in vielerlei Hinsicht! Insgesamt wurden immerhin 114 Comet Flugzeuge gebaut.

Die Amerikaner andererseits hatten aus diesem problematischen Geschehen ihre Schlüsse gezogen. Ihre Flugzeughersteller, die mit viel Erfahrung im Bau von Militärmaschinen ausgestattet waren, brachten erst Jahre später, nämlich ab 1958, ihre ersten Linienjets auf den Markt: Boeing die berühmte 707 und Douglas die nicht minder bekannte DC 8. Bei diesen Jets versuchten die Konstrukteure alle jene Fehler zu vermeiden, welche den Briten mit ihrem Comet unterlaufen waren. Die Amerikaner priesen bei ihren Flugzeugen nachfolgende Vorteile an: 1) Kräftige und doch Kraftstoff sparende Düsentriebwerke. 2) Verstellbares Flügelprofil, sowohl für Langsamflug in geringer Höhe bei Start und Landung, wie auch für Schnellflug in grosser Höhe geeignet. 3) Robuste, strapazierfähige Gesamtkonstruktion, explizit ausgelegt für Langlebigkeit. Diese Flugzeuge waren schon nahe am technischen Standard der heutigen Zeit – die Navigation, die Steuerung und das Handling mal ausgenommen. Bei den heutigen modernen Fluggeräten spielt die Digitalisierung eine bedeutende Rolle – eigentlich könnte in der heutigen Zeit das Computersystem an Bord zusammen mit dem öffentlichen Leitsystem ein Flugzeug automatisch vom Start bis zur Landung dirigieren und dies mit traumwandlerischer Sicherheit. Bis Ende der 70er Jahre flog – nebst den Piloten – auch stets noch ein Bordingenieur (im Volksmund Bordmechaniker) mit und bis Ende der 60-er ein Funker. Boeing 707 und DC 8 fliegen heute noch (besonders in Entwicklungsländern), wurden und werden nur ersetzt, weil heutige Flugzeuge erheblich leiser und sparsamer sind, nicht weil sie kaputt gingen. Ich persönlich mochte diese beiden Flugzeugtypen, wenn ich in der Touristenklasse flog, weil man mehr Bewegungsfreiheit hatte als in den heutigen modernen Fliegern. Jedoch ist die heutige Businessklasse viel komfortabler ausgelegt als früher. Denn Liegesitze mit flacher Liegefläche, wie sie heute selbstverständlich sind, gab es damals nur in der FirstClass.

Ausser den Amerikanern und den Briten gab es noch einen weiteren Player im Konzert der Pioniere im Flugzeugbau (die Russen mal ausgeklammert), nämlich die Franzosen. Ihre *Caravelle* wurde zwischen 1959 bis 2005 in einer Stückzahl von total 282 gebaut. Dabei erfuhr das populäre Flugzeug laufend sanfte Modifikationen und Erneuerungen. Es ist noch gar nicht so lange her, als ich das Vergnügen hatte, das erste Mal in meinem Leben als Passagier in einer Caravelle mitzufliegen. Zusammen mit meiner Frau und der Tochter buchten wir spontan einen Flug von Assuan nach Abu Simbel in Ägpyten, am Morgen hin, am Abend zurück. Die Gesellschaft nannte sich Marabu Airline. Die Crew bestätigte auf meine entsprechende Frage, dass dieses Flugzeug seinerzeit in den 60-er Jahren an die Swissair ausgeliefert worden war und in der Folge mehrmals den Besitzer gewechselt hatte. Alles im und am Flugzeug war in afrikanischer Art abgenutzt, abgewetzt und schmutzig. Die Fensterscheiben waren so trüb wie bei alten Menschen die Augen vor der Operation des Grauen Stars. Wahrscheinlich kratzten schon etliche Sandstürme an den Scheiben der Maschine. Aber der Flieger stach beim Start so opportunistisch nach oben und dann bei der Landung so selbstbewusst nach unten, dass es eine wahre Freude war und sogar unsere Tochter – berufliche Vielfliegerin – war beeindruckt. Ein Ticket hatte keiner der Passagiere. Beim Einchecken standen die ägyptischen Agenten, welche die Flüge zuvor verkauft hatten, beim Counter und riefen ihre Kunden mit Namen auf. Diese stiegen dann in den Flieger. Weil es morgens um 6 Uhr war, hatten alle 125 Passagiere – mehrheitlich Asiaten – eine identisch gleich aussehende Frühstückbox in den Händen. Diese waren sozusagen stehend noch im Schlafmodus – ein wahrlich bizarrer Anblick. Unser Agent drückte mir noch eine kleine hölzerne Zigarrenbox in die Hand. „Frag nach

Ahmed und übergib ihm diese Box, bitte! Der Mann ist ganz in weiss gekleidet! Du wirst ihn leicht finden!". „Darf ich fragen was hier drin ist?" „Geld, viel Geld!" Die Box war nicht mal zugeklebt, sondern nur sehr rustikal verschnürt. Wenn ich zu den seitlichen Ritzen reinspähte, sah ich Bündel von Banknoten. In Abu Simbel angekommen hatte ich Mühe Ahmed zu finden. Da waren unzählige Männer, die ganz in weiss gekleidet waren. „Kann mir vielleicht jemand sagen, wo Ahmed ist?" „Keine Ahnung! Irgendwo wird er wohl sein!" Als ich Ahmed dann endlich gefunden hatte, nahm er das Paket wortlos zu sich, bedankte sich nicht mal, zündete eine Zigarette an und verschwand in der Menge. Während des kurzen Fluges wurden kleine Zettel mit Nummern an die Passagiere verteilt. Um 16 Uhr beim Rückflug würden diese Papierchen dann wieder eingesammelt – gelten als Einsteigekarten. Und so geschah es dann. Wie eine Herde Lämmer wurden die total 375 Leute abgezählt und in drei identische Flieger gestopft. Zuhause in der Schweiz checkte ich die Airline mit dem sonderbaren Namen. Resultat: Marabu stand auf der schwarzen Liste. Ich las: Gilt als eine der unsichersten Airlines Afrikas – unbedingt zu meiden! Allerdings hatte uns eigentlich überhaupt kein ungutes Gefühl befallen. – Nun, ich machte in meinem Leben viele hundert Flüge. Erkenntnis: Einmal im Leben unvorsichtig zu sein kann genügen, dieses eine Leben zu verlieren…

Andererseits fühlte ich mich wirklich privilegiert, dass ich vor vielen Jahrzehnten sowohl den TGV in Frankreich wie auch den Shinkansen-Express in Japan in ihren Anfangsphasen erleben durfte. Dabei war in Japan damals für mich nicht das Zugfahren mit über 300 Km/h Geschwindigkeit die grosse Herausforderung, sondern das Umsteigen in den Bahnhöfen. Es ging darum die Orientierung nicht zu verlieren. Denn alle Durchsagen, alle schriftlichen Hinweise erfolgten ausschliesslich nur in Japanisch, nichts in Englisch. In Japan sprachen damals in jener Zeit noch sehr wenige Leute Englisch. Und wenn sie es einmal gelernt hatten, wagten sie es nicht die Sprache anzuwenden. Dies aus Angst einen Fehler zu begehen. Eine echt schwierige Situation für reisende Ausländer.

Als Kind und Jugendlicher faszinierten mich im Sport die Hundertmeterläufer in der Leichtathletik, im Fussball die schnellen Flügelstürmer, im Radsport die endschnellen Sprinter. Auf dem Top dieser Pyramide meiner Favoriten standen die Motorsportler. In meiner Kindheit existierte noch der *Grosse Preis von Bern* in der Formel 1, den ich leider nie in Natura erleben durfte. Fernsehen gab es auch noch nicht. Nach dem schrecklichen Unfall beim 24-Stunden-Rennen von Le Mans (1955) wurden in der Folge in der Schweiz alle Rundstreckenrennen verboten. Wenn wir Jungen einen Grand Prix in Natura sehen wollten, waren wir gezwungen zu reisen (was heute noch nicht anders ist). Und das tat ich auch, meistens allein, manchmal gemeinsam mit meinem Bruder Werner. Ich war unter anderem in Holland (Zaanvoort), Hockenheim und in Stuttgart (Solitude), teilweise mehrfach. 1964 knipste ich in Stuttgart auf der Solitude den Lotus des Siegers Jim Clark in voller Fahrt und dieses Foto wurde von der Fachzeitschrift *Sport* offiziell zu einem der drei Besten in jenem Jahr gekürt. Weil es bei jenem Rennen gleichzeitig regnete und die Sonne schien, war der Asphalt wie ein Spiegel. Das Rennauto in vollem Gischt spiegelte sich auf der Strasse so exakt, dass man das Bild um 180 Grad drehen konnte und auch im Spiegel waren alle Details exakt zu erkennen. Ich besuchte auch Indy-Rennen in Amerika. Dort rasen die Rennwagen in einem Oval mit überhöhten Kurven mit Spitzen bis 370 Km/h in engem Pulk über die Piste. Im letzten Jahr 2019 betrug in Indianapolis der Durchschnitt des über 500 Meilen oder zirka 800 Kilometer langen Rennens 282 Km/h, dies trotz wiederholten Boxenstopps. Das bedeutet, dass der Sieger eine Strecke Zürich – Rom in 2 Stunden und 50 Minuten zurücklegte. Der Unterschied zwischen unserer bekannten Formel 1 und amerikanischen Indy-Rennen ist nicht nur die sehr differente Streckenführung, sondern es sind vor allem auch die Sicherheitszonen. In der Formel 1 sind die Zuschauer sehr weit weg vom Geschehen, sodass ein verunglückter Rennwagen niemals in diese Zonen fliegen könnte. Die Amerikaner lieben hingegen den auf die Spitze getriebenen Nervenkitzel. Dort gibt es keine Auslaufzonen für Fahrzeuge, die von der Strecke abkommen. Die Aussenbegrenzung ist eine stabile Betonmauer, in welche Rennautos bei Unfällen oft hinein crashen und dann abgewiesen werden. Darüber befindet sich ein hoher, sehr stabiler Eisengitterzaun von der Art, wie man bei uns Steinschlag über Bergstrassen fernhält. Dicht dahinter sind die vordersten Reihen der Zuschauer angelegt. Die Rennautos preschen somit weniger als ein Dutzend Metern an der vordersten Zuschauerreihe vorbei – ein echter Aberwitz! Zwar verunglücken Fahrer wiederkehrend – selten auch tödlich, aber eigenartigerweise ist nichts bekannt, dass Zuschauer je zu Schaden kamen.

Eben vermeldete die Presse, dass Carlo Ubbiali Anfangs dieses Monats (Juni 2020) im Alter von 90 Jahren in Bergamo verstorben ist. Dieses lange Leben ist erstaunlich, denn der Mann lebte über lange Perioden gefährlich: Ubbiali war

Motorradrennfahrer und ein Idol meiner Kindheit. Er hatte ein schnelles Herz wie ich. Im Jahr 1950 war ich zehnjährig und Carlo war zwanzigjährig. Und trotz seines jugendlichen Alters war er schon Motorrad-Weltmeister! In Lustenau – gleich über der Grenze in Österreich – dürsteten die Menschen nach dem Krieg nach Abwechslung. Im Zuge dessen veranstalteten sie in jenen Jahren nicht nur Leichtathletik-meetings, Boxkämpfe, Velo- und Kart-Rennen, sondern auch Motorrad-Rennen. Das Niveau war weit entfernt der Stufe Grand Prix, doch kaum weniger attraktiv. Man nannte sie Hausecken-Rennen und das waren sie auch. Die Rennstrecke führte bedrohlich nahe sowohl an Bäumen wie an Hausecken vorbei. Die Zuschauer befanden sich unmittelbar am Strassenrand. Unsere Mutter konnte uns – meinen Bruder Werner und mich – nicht abhalten nach Lustenau zu pilgern. Die hochtourigen Motoren schallten über den Rhein bis zu uns rüber und unter diesen Umständen waren wir nicht zu halten. Wenn Mama um die Gefahren gewusst hätte, in die wir uns begaben, wären wir wohl zuhause angekettet worden. Weltmeister Ubbiali war das Aushängeschild des Rennens. Im Rennen der 125er startete Ubbiali auf einem Vespa-Roller (!) und wurde mit Abstand Letzter – was wir Buben als fiesen Verrat betrachteten. Erst lange später realisierte ich den Hintergrund dieser Aktion: Piaggio – der Produzent der Vespas – hatte Carlo Ubbiali für eine Promotion eingespannt. Der italienische Motorroller wurde als lässiges Fahrzeug jener Epoche unmittelbar nach dem Krieg propagiert. Wie wir erkennen können, dachten die Leute schon damals – vor 70 Jahren - in der Werbung erstaunlich progressiv. Wahrscheinlich war es nur dank dieser Promotion möglich, dass der Weltmeister überhaupt aufs Land kam. Im Rennen der 250-er und 350-er fuhr Ubbiali dann seine normale MV-Augusta Rennmaschine und siegte jeweils mit Überrundung.

Noch besser als die Solomotorräder gefielen uns Buben allerdings die Motorräder mit Seitenwagen. Das Herumturnen des Passagiers im Seitenwagen bei hoher Geschwindigkeit und im Drive in den Kurven imponierte uns enorm. Uns schwebte eine Show vor. Hansjörg, der Sohn des Dorfarztes, zugleich unser Nachbar, war ein Jahr älter als ich und körperlich wesentlich stärker als mein Bruder und ich. Er nannte ein Velo mit kleineren Rädern als üblich sein Eigen und dieses Vehikel war das Objekt unserer Begierde. Weil der Gepäckträger tiefer lag, schien uns dieses Velo perfekt geeignet für unsere Demonstration, die wir planten. Ich versuchte Hansjörg zu überreden, uns – Werner und mir - sein Velo für die Stunts zu leihen, die wir im Kopf hatten. Keine Chance! Hansjörg wollte einerseits sein Fahrrad nicht aus der Hand geben und andererseits selbst Stuntman spielen. Somit blieb mir persönlich der doch eher unattraktive Job des Eventmanagers (wie man heute sagen würde). Denn Werner war heiss darauf den Seitenwagenpassagier zu mimen. Zwischen den Häusern von Lehrer Keller und Lehrer Kuster führte ein kleiner Weg in die Sonnenstrasse. Auf diesem Strässchen pedalte Hansjörg nun so schnell er konnte und Werner sass seitlich quer auf dem Gepäckträger. Seine Beine baumelten auf der rechten Seite des Fahrrades, der Hinterteil auf der linken Seite. Hansjörg legte sich unmittelbar nach der Ausfahrt in die grosse Strasse verwegen links in die Kurve und Werner als Sozius hängte Körper und Hintern über den Gepäckträger, sodass zwischen Strasse und

Hinterteil nur noch eine Handbreite lag. Der Vorgang entsprach ziemlich genau jenem, was wir beim Seitenwagenrennen in Lustenau beobachtet hatten. Da Ferienzeit war, führten wir diese Show täglich durch und Tag für Tag erschienen mehr Kinder als Zuschauer. Einen Eintritt konnten wir nicht verlangen, denn die Kinder von damals verfügten nur in seltenen Ausnahmefällen über eigenes Taschengeld (in der Regel nur in der Kilbizeit). Aber die Aufmerksamkeit und der Ruhm hatte immerhin auch einen gewissen Wert. Nach mehreren Tagen mit erfolgreichen Stunts kam jenes Ereignis, das man wohl ahnen mag: Hansjörg nahm das Mäuerchen bei der Ausfahrt etwas zu kühn, Werner streifte dieses mit seinem Rücken und die beiden produzierten gemeinsam einen monumentalen Sturz. Hansjörg trug keine Verletzung davon, doch das Velo musste repariert werden. Werner trug recht schlimme Abschürfungen am Rücken und am Hintern davon, sodass sich meine Eltern veranlasst sahen den Buben dem Arzt (Hansjörgs Vater) zu zeigen. Auf die hartnäckige Frage der Eltern und des Doktors, wie dies geschehen konnte, gab es ebenso hartnäckig keine Antwort. Wir drei hatten dies so gemeinsam vereinbart.

Ich machte im Jahr 1960 meinen Führerschein. In jenem Jahr gab es erst eine einzige Tempobeschränkung, welche für die ganzen Schweiz gültig war und zwar innerorts 60 Km/h. Ausserorts und auf den wenigen kurzen Autobahnabschnitten der damaligen Zeit bestand keine Limite. Weil weitaus die meisten Autos jener Jahre schwach motorisiert waren, gab es dennoch kaum Exzesse. Airbags oder Sicherheitsgurten? Fehlanzeige! Im Jahr 1973 setzte der Staat eine Tempolimite ausserorts von 100 Km/h ein, im darauffolgenden Jahr Höchsttempo 130 Km/h auf Autobahnen. Im Jahr

1977 lautete die Limite ausserorts 80 Km/h, 1984 innerorts 50 Km/h und 1985 eine Höchstgeschwindigkeit von 120 Km/h auf Autobahnen. 1989 erfolgte nach einem Reverendum eine Abstimmung, die maximal zulässige Höchstgeschwindigkeit auf Autobahnen wieder auf 130 Km/h anzuheben. Das Volk schmetterte den Antrag ab. Ältere Autofahrer meines Alters haben somit in all den Jahrzehnten eine interessante Entwicklung hin zur Vernunft erlebt. Die Unfallstatistik mit Verletzten und Toten auf Schweizer Strassen zeigt jedes Jahr ein noch vorteilhafteres Bild. Alle Präventivmassnahmen zeigen offensichtlich Wirkung – zusammen mit immer besseren Strassen und sichereren Autos.

Ich möchte Anhand dieser Abfolge der Erlasse für Geschwindigkeitsbeschränkungen auf den Schweizer Strassen darstellen, was sich in einer Vielzahl anderer Bereiche in analoger Weise vollzogen hat. In der Schweiz hat und hatte bei wichtigen Entscheiden das Volk das letzte Wort. Bei weitaus den meisten Abstimmungen innerhalb meines Lebenszyklus obsiegte in der Vergangenheit der gesunde Menschenverstand. Die Widersacher waren oft Parteien, Organisationen und Verbände mit ihren aggressiv auftretenden Lobbyisten, die über reichlich Finanzen verfügten. Das Volk verstand, dass es ohne Limiten und Einschränkungen in vielen Bereichen des öffentlichen Lebens nicht gehen würde und die Menschen schluckten nicht selten Kröten und bittere Pillen.

Aktuell, im Jahr 2020, setze ich meine persönliche Priorität auf sicheres, ökonomisches und umweltschonendes Autofahren. Ich habe ein Hybrid-Fahrzeug mit Plug-in, mit dem ich insbesondere die kürzeren Strecken leise und sanft elektrisch zurücklegen kann – stets ein angenehmes Erlebnis. Ich habe festgestellt, dass jenes, womit die Werbung argumentiert, richtig ist, nämlich: Im normalen Alltag fährt man viel öfter kurze Strecken, als gemeinhin angenommen. Dafür reicht die elektrische Energie bei dieser Art Fahrzeugen, um ohne den Verbrenner auszukommen. Bei einer längeren Überlandfahrt wechseln sich der Benzinmotor und der Elektromotor ab, wie es der Bordcomputer dem Antriebsmanagement vorgibt, um den ökonomisch bestmöglichen Effekt zu erzielen. Der Fahrer und die Insassen spüren praktisch keinen Übergang vom Wechsel einer Antriebsart zur anderen. Der Benzinmotor in diesem Auto hat drei Zylinder und weniger als tausend Kubikzentimeter Inhalt, was aber selbst für längeren Strecken genügt. Der Tank für das Benzin fasst fünfunddreissig Liter. Eine Füllung reicht in meinem Fall im Durchschnitt für tausend Kilometer und mehr! Dabei wäre gegenwärtig der Sprit so billig wie seit Jahren nicht mehr!

7. Amerika, Amerika

Die Vereinigten Staaten von Amerika sind mir vertraut. Ich habe mich dort in mehr Gegenden umgetrieben als dies die meisten der US-Bürger in ihrem Leben je tun. Ich habe Zehntausende Kilometer auf Amerikas Strassen mit Mietwagen zurückgelegt und war dabei stets erbaut über die ruhige, zurückhaltende Fahrweise, die dort seit je selbstverständlich ist. Erfreulicherweise hat sich das defensive, rücksichtsvolle Autofahren zwischenzeitlich auch bei uns in Europa mehrheitlich durchgesetzt.

Es gibt kaum ein Land auf unserem Globus, das besser geeignet ist auf eigene Faust entdeckt zu werden als die USA. Voraussetzung ist allerdings, dass man sich in der Englischen Sprache einigermassen verständigen kann. Mal abgesehen von den grossen Ballungsgebieten an der Ost- und der Westküste, hat man meistens viel Platz zur Verfügung. Alles ist dort grosszügig ausgelegt, was besonders wir Schweizer schätzen. Denn bei uns ist wie man weiss vieles kleinräumig und eng. Einerlei, ob man mit dem Mietauto, dem Verkehrsflugzeug, dem Eisenbahnzug oder mit einem Bus unterwegs ist, das Reisen ist unkompliziert. Restaurants jeglicher Gattung gibt es fast an jeder Strassenecke und das Finden eines Hotelzimmers macht in der Regel auch keine Probleme. Dabei ist infolge des permanent schwachen Dollarkurses alles bezahlbar.

Das Paradies auf Erden? Mit Nichten! Obwohl ich viele Dinge liebe, die Amerika bieten kann, gibt es leider auch Schattenseiten. Als Tourist - Gast des Landes - liegt es mir fern, negative Aspekte allzu breit zu schlagen. Ich möchte mich nicht auslassen über heruntergekommene Industriebrachen, die in vielen Städten auffallend sind, über verlotterte Strassen und Brücken, über armselige Behausungen, die darauf hinweisen, dass es offensichtlich nicht nur eine kleine Minderheit armer Leute gibt. Genau so wenig sollten wir den Gegenpol, nämlich die Glitzerwelten von Manhattan, Las Vegas, Florida oder Kalifornien als Messeinheit betrachten. Wahrscheinlich nirgendwo ist die Diskrepanz zwischen arm und reich so ausgeprägt wie in den USA. Desgleichen gibt es in keinem anderen Land mehr abartige Bigotterie und schändliche Dekadenz so nahe nebeneinander.

Andererseits ist die Hilfsbereitschaft der Amerikaner sprichwörtlich. Dies ist keinesfalls nur Eigenruhm. Es waren die Vereinigten Staaten von Amerika, die nach Beendigung des Zweiten Weltkriegs dem Gegner die Hand zur Versöhnung reichten. Viele der deutschen Städte lagen 1945 in Schutt und Asche. Millionen Überlebende vegetierten in Notbehausungen – in Kellern, den Überresten zerbombter Häuser und auf dem Land bei Verwandten. USA kreierte den Marshall-Plan – einem gigantischen Projekt zur Beschaffung von Finanzen zum Wiederaufbau. Mit diesen Milliarden war es möglich Deutschland wieder auf die Beine zu helfen. Das zur Verfügung gestellte Kapital ermöglichte es Deutschland dank dem sprichwörtlichen Fleiss, der Kreativität und der Organisationsgabe ihrer Bürger den Wiederaufbau in beeindruckend kurzen Jahren zu bewerkstelligen. Es war der Start zum Wirtschaftswunder.

In Amerika fällt auf, dass viele ausserordentliche Aktivitäten auf Freiwilligenbasis organisiert sind. Reiche Leute und Firmen sind stolz darauf einen materiellen Beitrag leisten zu dürfen an Institutionen und Organisationen, die karitativ tätig sind, die Aufbauarbeit leisten im medizinischen Bereich, in der Ausbildung oder im Sport. Dafür dürfen sie sich ins Goldene Buch eintragen. Vornehmlich Christliche (meist Evangelikale) Organisationen unterstützen Bedürftige mit dem Betreiben von Suppenküchen oder Notschlafstätten. Aber auch Esoteriker, Yogafreaks und Hare Krishna kommen nicht zu kurz und finden ihre Unterstützer. Wer kein Geld hat, bietet seinen Support mittels Freiwilligenarbeit in der Freizeit an. Volunteers – Freiwillige – unterstützen jegliche Art von Institutionen, sei dies bei Wahlkampfveranstaltungen, bei Sportevents und unzähligen anderen Anlässen.

Ich besuchte 1994 die Fussball Weltmeisterschaft in den USA. In Detroit (USA – Schweiz 2:2) nützte der Amerikanische Frauenfussballverband die Gelegenheit, um für ihren Soccer-Sport Werbung zu machen. Frauenfussball existierte in jener Zeit bei uns in Europa eigentlich noch kaum. In den USA andererseits gab es mehr Fussballerinnen als Fussballer. Fussball galt dort eher als Mädchensport. Im Stadionbereich befand sich ein Pavillon, in dem langbeinige Mädels sich wortreich im Auftrag und zu Gunsten ihrer Passion – dem Fussball - einsetzten. Sie waren in Begleitung ihrer Mütter und ihrer nicht selten zittrigen, aber hoch aufgeputzten Grossmütter und Urgrossmütter. In Palo Alto in der Nähe von San Francisco, auf dem Gelände der Stanford University, fand das Zwischenrundenspiel Schweiz – Kolumbien statt. Studenten boten Parkplätze unmittelbar neben dem Stadion im lauschigen Föhrenpark an für zwanzig Dollar. Ziel der jungen Leute war es die Kasse ihrer Studenten-vereinigung aufzubessern. Die amerikanischen Matchbesu-cher winkten durchwegs alle dankend ab. Sie nannten das Parkinggebühr Wucher! Nahezu alle dieser stadionnahen Parkplätze wurden durch Schweizer Schlachtenbummler mit ihren Mietautos besetzt. Diese hielten sich über die doch ziemlich hohen Gebühren nicht auf. Wer schon so viel Geld in eine Reise nach Amerika investiert hat, der lässt sich von weiterer zwanzig Dollar nicht abschrecken! Hunderte Schweizer feierten eine ausgelassene Party in den Stunden bis zum Anpfiff des Spiels (das unser Schweizer Team ver-lor). Ich benützte die Gelegenheit das Gelände der berühm-ten Universität zu besichtigen. Mit meinem Parkplatzeintritt war es mir sogar erlaubt in der Mensa zu Studentenpreisen gut zu speisen.

Die Sache mit einem Volontariat kann Amerikaner bis ins hohe Alter verfolgen. Ich buchte mal einen Flug von Las Vegas zum Süd-Rim des Grand Canyon. Die Distanz ist 280 Meilen. Das einmotorige Kleinflugzeug, ausgelegt für 8 Passagiere, brauchte für eine Strecke weniger als zwei Stun-den. Der Pilot – 76-jährig - stellte sich als Ehemaliger der US-Luftwaffe vor. Er erklärte als Volontär für die Flugfirma zu arbeiten und damit seine Stunden zu absolvieren, die er für die wiederkehrende Erneuerung der Berufspiloten-Lizenz benötige. Im Flugzeug flogen drei junge Schweizer als Passagiere mit, die ich nicht kannte und somit zufällig mit mir im selben Flugzeug sassen. Sie spotteten unablässig über den älteren Herrn am Steuerknüppel. Dieser verstand zwar nicht was die Burschen sprachen, er begriff jedoch gut, dass ihre Worte ihm galten und Spott beinhalteten. Die Rache des alten Mannes erfolgte auf seine Art: Den letzten Abschnitt flog unser Pilot in Kampfstilmanier. Er stach fast senkrecht in die Tiefen des Canons, zog das Flugzeug wieder hoch bis zur Krete, um dann anschliessend wieder nach unten zu tauchen. Die Grossmäuler wurden immer ruhiger und am Ziel angelangt, waren sie kreideweiss und fanden keine Worte mehr. Beim Rückflug mit dem gleichen Piloten verhielten sich die Boys im eigenen Interesse mäuschenstill.

Die Museen, historischen Monumente und Nationalparks in den USA sind unübertroffen. Die Aufsichtspersonen wie auch die Ranger sind gut geschult und können Besuchern Interessantes vermitteln. Unter ihnen gibt es auch Witzbolde. Ich genoss unmittelbar vor Weihnachten das prachtvolle Wetter Floridas mit Temperaturen nur knapp unter 30 Grad Celsius. In den Everglades gibt es unzählige Gebiete, wo die Natur mit blauen Lagunen und üppigem Grün zum Wandern lockt. An diesem Tag ging es gegen 17 Uhr, die Sonne neigte sich. Der kleine Nationalpark wurde in einer Broschüre als attraktiv angepriesen wegen der vielfältigen Tier- und Pflanzenwelt. Der Parkplatz war leer. Der Ranger im Wärterhäuschen war gerade daran seinen Arbeitsplatz zu räumen. Ich las andererseits: Bis 18 Uhr geöffnet. Sichtlich missmutig verkaufte mir der Mann ein Ticket, wies ausdrücklich darauf hin, dass er punkt 18 Uhr den Laden dicht machen werde. Wenn ich bis dann nicht zurück sei, werde er gnadenlos das Tor schliessen und ich sei dann eingesperrt bis zum nachfolgenden Tag. Er glaube nicht, dass ich die Runde in dieser Zeit schaffe! Ich las: Rundweg um die Lagune 5 Meilen. Das schien zeitmässig kein Problem zu sein für einen gut trainierten Jogger. Der Ranger sagte: „Unterschätze das nicht!" Ich lächelte hochmütig und rannte los in sanftem Tempo, schaute ab und zu auf meine Uhr und die Markierung bei jeder vollen Meile. Der Park war tatsächlich traumhaft schön, das propere Strässchen führte manchmal ans Wasser, dann wieder vom Wasser weg weiter in den wilden Urwald, kleine Hügel hoch und wieder runter. Nach der Markierung Meile 4 zeigte meine Uhr zwanzig vor sechs Uhr, ich fühlte mich komfortabel in der Zeit, als mir der Atem stockte: Ein vier Meter langes Krokodil lag quer im Weg. Ich stoppte augenblicklich meinen Lauf, prüfte eine mögliche sichere Umgehung. Aber es gab keine Chance. Auf der rechten Seite war das Wasser, auf der linken dichtes Gestrüpp und Sumpf mit Mangroven. Langsam näherte ich mich dem mächtigen Tier. Dieses bewegte sich leicht und sperrte das Maul mit den imposanten Zähnen auf. Ich war gezwungen umzukehren, die 4 Meilen zurück zu laufen. Und dies in zwanzig Minuten! Ich realisierte: Das schaffe ich nie! Ich lief so schnell ich konnte, schwitzte, keuchte. Als ich das Wärterhäuschen erblickte, zeigte meine Uhr Viertel nach sechs Uhr. Zu meiner Erleichterung war der Ranger noch da. Er sagte mit strenger Mine: „Du hast Dich als Schweizer eingeschrieben, kannst aber nicht pünktlich sein! Dabei behauptet Ihr die genauesten Uhren der Welt zu haben!" Ich antwortete: „Ich wäre perfekt in der Zeit gewesen, aber da lag ein Krokodil mitten im Weg! Also musste ich die ganze Strecke zurücklaufen!" Der Mann grinste: „Ach dieses… ist ja nur ein kleines, liegt immer dort… man steigt einfach darüber und läuft weiter…! Dieser Alligator ist so satt, so träge, dass er kein Interesse an Menschenfleisch hat!" Ich maulte: „Du hättest mich zumindest warnen können!" „Habe ich doch! Ich sagte, Du schaffst das nicht. Und ich wusste sehr genau weshalb!" Dies war die Rache des Rangers, weil ich ihm einen früheren Feierabend verunmöglicht hatte.

Aktuell haben die Vereinigten Staaten von Amerika ein Imageproblem. Die zwei grossen Parteien des Landes zanken über politische Themen auf einem Level, den man als niveaulos und peinlich bezeichnen muss. Republikaner und Demokraten sind heillos zerstritten, eine Zusammenarbeit scheint ausgeschlossen zu sein. Es ist ein Zustand, der negativ ausstrahlt und das Land entzweit. Die USA haben einen Präsidenten, einen Chief in Command, bei dem man sich frägt, wie dieser Mann auf legalem Weg in seine Position gelangen konnte! Wir kennen die USA doch als eine Gesellschaft mit vielen intelligenten und vor allem kreativen Köpfen, die in der Lage sein sollten zwischen gut und schlecht, zwischen gescheit und dumm unterscheiden zu können. Aktuell gibt es Unruhen wegen Polizeigewalt insbesondere gegen Minderheiten. Es ist ein schwieriges Thema. Allerdings ist brutale Polizeigewalt kein explizit amerikanisches Problem. Ich bin der Meinung, dass Polizisten in vielen anderen Ländern gleichfalls ihre Macht fallweise missbrauchen, ebenfalls nicht selten gegen Minderheiten oder Gruppen. Es sind Menschen, die sich im eigenen Land zusammengefunden haben und gegen einen missliebigen Präsidenten oder eine korrupte Regierung, manchmal auch gegen einen nicht genehmen Regierungsentscheid protestieren. Vielerorts nimmt man diese üble Situation einfach hin. Es ist traurig, wenn jene Instanz, die für Recht und Ordnung sorgen müsste, genau auf diesem Gebiet ein Defizit hat und eigentlich versagt. Überall wo dies geschieht, wäre es eigentlich Sache der Politik ihre Ordnungshüter in die Schranken zu weisen. Allerdings ist sogar noch eine Stufe übler möglich, nämlich dass eine an der Macht hängende Regierung nicht nur die eigene Polizei, sondern sogar das eigene Militär gegen die Bürger des Landes einsetzt – ein bedenklicher, höchst undemokratischer Vorgang.

Rassendiskriminierung gibt es überall. Die Situation in Amerika ist insofern speziell, weil die Afroamerikaner ihre Abstammung von ehemaligen Sklaven haben. Nie je haben die Yankees - die herrschenden Weissen – eine offizielle Abbitte gegenüber den Vorfahren der Schwarzen geleistet, wie sie das auch nicht gegenüber den Indigenen (den Indianern) machten. Man kann dies als Arroganz, als einen Mangel an Demut und wenig Sinn für Gerechtigkeit betrachten. Aber es gibt noch einen anderen Grund und der ist handfest: Wie hinlänglich bekannt, kann dort drüben der juristische Hase unschöne Zickzackwege laufen: Würde es je zu einem solchen Eingeständnis kommen, könnte man sicher sein, dass findige Anwälte eine Chance sehen würden gegen den Staat eine Prozesslawine loszutreten, die nur schwer zu kontrollieren wäre.

Im Übrigen machte ich persönlich die Feststellung, dass sich auch Coloured fallweise rassistisch, zumindest grossmaulig artikulieren. Sie können sich in abwertender, ausfälliger Weise auslassen gegenüber Menschen jeglicher anderer Rasse. In den USA beträgt der Anteil der Menschen mit dunkler Hautfarbe sieben Prozent. Diese Zahl mag kleiner erscheinen als man gemeinhin annehmen könnte. Nicht wenige Bürger mit dunkler Hautfarbe sind intelligent, sie haben es weit gebracht, sind erfolgreich im Sport, in der Musik, im Unterhaltungsbusiness, aber auch im normalen Geschäftsleben. Ein Teil von ihnen kann ihren Geltungsdrang nur schwer unter Kontrolle halten. Sie demonstrieren ihr Ego und alles was damit zusammen hängt in provokativer Weise: Protzvillen, Superschlitten, Brillanten an den Fingern und in den Ohren, auffällige Kleider. Sie verhalten sich nicht anders als andere Neureiche auch, wo immer diese leben. Sie betrachten sich als die wahre Krone der Schöpfung, glauben mit innerem Feuer daran und tun dies auch lauthals kund. In der Tat ist dünkelhaftes Benehmen weder eine Erfindung der Weissen noch der Schwarzen. Auch in ganz anderen Ecken unserer Erde kommt dieses zweifelhafte Verhalten vor. In Asien zeigten einst insbesondere Japaner nationalistische Attitüden in erschreckender Weise. Sie bedrängten im Zweiten Weltkrieg nicht nur die Amerikaner, sondern sie besetzten und unterdrückten auch andere asiatische Länder. Obwohl der Zweite Weltkrieg seit einem Dreivierteljahrhundert vorbei ist, sind die Koreaner heute noch deswegen nachtragend gegenüber Japan. Dies insbesondere auch deshalb, weil seither noch nie je eine offizielle Entschuldigung ausgesprochen wurde. Offensichtlich ist es so: Der Mensch neigt dazu, sich selbst zu erhöhen, sich besser zu sehen, als er ist. Und wenn er oben ist, wird diese Situation oft ausgenützt. Hitler sah sich einst als Anführer der Herrenrasse. Dabei erkannte er in den Juden nicht nur eine konkurrenzierende Gesellschaft, sondern eben auch einen herausfordernden Gegner auf intellektueller Ebene, den es auszuschalten galt. Wenn die Nazionalsozialisten von unterschiedlichen Rassen sprachen (Ariern und Juden), war dies ohnehin ein klassischer historischer Missgriff.

Was die amerikanische Polizei anbelangt, erlebte ich auch schon mit eigenen Augen, dass es brutal zur Sache gehen kann. Ich war mit meiner Tochter in Los Angeles unterwegs, hatte gerade meinen Mietwagen aufgetankt, hatte für das Benzin bezahlt und war im Begriff von der Zapfsäule wegzufahren, als mehrere Polizeifahrzeuge mit pfeifenden Reifen, Blaulicht und Sirene von zwei Seiten auf das Gelände der Grosstankstelle einfuhren. Mehrere Polizisten mit gezückten Pistolen sprangen aus ihren Autos und fingen drei junge Burschen ein, die eilig wegfahren, beziehungsweise wegrennen wollten. Soweit wir erkennen konnten, waren die Boys unbewaffnet. Die Beamten legten den Männern Handschellen an und drückten sie mit roher Gewalt auf den heissen Asphalt und die Motorhaube ihres Autos. Offensichtlich waren wir mitten in einen Raubüberfall geraten, von dem wir überhaupt nichts bemerkt hatten! Wie wir erahnen konnten, waren die Burschen wohl vielleicht smart und leise vorgegangen, aber doch zu wenig smart, um dem Auge des Gesetzes zu entgehen. Meine Tochter und ich, wir waren entsetzt, wie unzimperlich hier mit Menschen umgegangen wird, wenn sie sich nicht gesetzeskonform verhalten. Andererseits stellten wir uns vor, wo wir geblieben wären, wenn es zu einem Schusswechsel gekommen wäre. Auf jeden Fall war diese Szene schon eine Kostprobe von dem, wie es in diesem Land abgehen kann – eben auf jene Weise, wie dies in vielen amerikanischen Trillern dargestellt wird, wo die Kugeln im Dutzend flitzen und das Blut in sehr roter Farbe herum spritzt. Ich hasse diese Filme abgrundtief. Sie sind das Abbild einer traurigen Unkultur, einer Verrohung, die auf diese Art noch eine gewisse Verherrlichung erfahren.

Doch ich erlebte die amerikanische Polizei wiederholt auch als äusserst zuvorkommend. Einmal fasste ich im Anschluss an einen Flug Zürich – Los Angeles einen Mietwagen am Ankunftsflughafen. Statt unmittelbar ein Hotel zu suchen (was vernünftig gewesen wäre, denn nach einem solch langen Flug ist man immer müde), fuhr ich noch weiter auf der Number One Richtung Santa Barbara, wo der Besuch der Tochter anstand. Dunkelheit und heftige Regenschauer setzten ein und eine Vielzahl unübersichtliche Baustellen mit Umleitungen machten mir das Leben schwer. Nach einer längeren Fahrt realisierte ich, dass mir ein Polizeiauto folgte. Zehn Minuten später überholte mich das Polizeifahrzeug und stoppte mich. Der Polizist fragte mich, ob ich betrunken sei, er habe den Eindruck, dass ich unsicher fahren. Meine Antwort: „Ich bin weder betrunken, noch fahre ich unsicher, sondern nur langsam, weil die Signalisation so miserabel schlecht ist! Bei uns würde man die Strassenbauer bei solch mieser Signalisation in die Verbannung schicken!" Ich war etwas aufgekratzt. Doch der Polizist liess sich nicht provozieren, kontrollierte ruhig meine Papiere, wollte auch mein Flugticket sehen. „Gleich da vorne kommt der Ort Ventura. Da nehmen Sie ein Hotelzimmer! Wir führen Sie jetzt dorthin!" Das Polizeiauto fuhr mir vor bis zum Hotelparkplatz. Im Hotel angekommen, drückte mir die Dame an der Rezeption den Schlüssel in die Hand und sagte, dass ein Polizist angerufen habe und schon eine Zimmerreservation für mich vorgenommen habe. - Ich war beeindruckt – ein grossartiger Service! Wahrlich, die Polizei dein Freund und Helfer!

Ein anderes Mal leistete ich mir in Page Arizona einen für amerikanische Verhältnisse eher grösseren Bock: Ich fuhr bei sehr schwachem Verkehr innerorts auf der rechten Innenspur einer mehrspurigen Strasse auf eine Kreuzung zu. Ich erblickte auf der linken Seite eine Einkaufsmall, erinnerte mich, dass ich noch einige Sachen einkaufen sollte.

Also fuhr ich quer über alle Sicherheitslinien auf die linke Einspurstrecke zur Ampel, ohne jemand zu behindern. Als die Lampe auf grün sprang, zweigte ich links ab. Dabei hörte ich gleichzeitig in der Ferne eine Polizeisirene. Ich fuhr auf den Parkplatz der Mall ein, stieg aus meinem Wagen und schwenkte die Heckklappe hoch. Das Polizeiauto mit der Sirene und Blaulicht bog mit pfeifenden Reifen auch auf diesen Parkplatz ein und parkierte dicht neben meinem Wagen. Der Polizist stieg aus seinem Polizeifahrzeug und verlangte in forderndem Ton meine Papiere zu sehen, bemerkte schon mal, dass er mich um 100 Dollar erleichtern müsse, weil ich mehrere Spuren gequert habe. Für amerikanische Verhältnisse, eine hohe Busse! Meine Antwort: „Habe ich jemand gefährdet, Officer?" Seine Antwort: „Nein, das nicht. Aber verboten ist verboten!" Ich antwortete: „Bei uns würde man dafür kaum gebüsst!" Er lachte: „Hier schon!" Er zückte den Block mit den Bussenzetteln und füllte ihn aus. Dabei las ich sein Namensschild: Kurt Zimmermann. Ich sagte in deutsch: „Sagen Sie, Herr Zimmermann, sind Sie vielleicht Deutscher, Österreicher, Schweizer?" Seine Antwort in deutsch: „Bayer!". „Oh, praktisch, dann können wir ja deutsch sprechen!" „Ja, freilich!" „Sagen Sie, wie kommen Sie dazu in Arizona Polizist zu sein?" Er unterbrach seine Schreiberei. „Als ich ein Junge war, immigrierte meine Familie nach Amerika…" Ich öffnete zwei Fläschchen Cola, reichte eines davon dem Polizisten. Wir setzten uns nebeneinander hinten auf die ausgeklappte Ablage meines Wagens. Kurt Zimmermann erzählte mir nun während mehr als einer Stunde seine Lebensgeschichte. Unter anderem erfuhr ich, dass er jedes Jahr seine Oma in Memmingen besuche. „Was, vom Rheintal kommst Du! Da kenn ich mich aus. Die Oma und

ich, wir fahren jedes Mal nach St.Margrethen, um im Rhein-
park einzukaufen… Schokolade, Kaffee, Teigwaren und so,
Du weisst schon!" Damals war es für viele Süddeutsche
Usus regelmässig in die Schweiz zu fahren zum Einkaufen –
unglaublich, genau umgekehrt als wie wir es heute kennen!
Schliesslich faltete Kurt den Bussenzettel zusammen, riss
ihn in zwei Stücke und steckte ihn in die Brusttasche meines
Hemdes. „Den vergessen wir mal vorerst!" Ich übernachtete
in Page in einem Hotel. Als ich am nächsten Tag die Stadt
verliess, stand Kurt mit seinem Polizeifahrzeug an einer
Ausfallstrasse und kontrollierte den Verkehr. Er erblickte
mich von weitem, winkte mir zu, rief mit lauter Stimme:
„Hi, Hermann, wünsche Dir eine gute Fahrt!"

Ich besuchte 1984 die Olympischen Spiele in Los Angeles.
In der Schweiz hatte Kuoni das Monopol für die Eintritts-
karten, die sehr limitiert zur Verfügung standen. Solche
konnten nur jene kaufen, die den Flug und das Hotel über
Kuoni buchten. Mein Hotel lag unmittelbar neben dem
Chinese Theater (wo jährlich die Film-Oscars vergeben werden) und dem *Hollywood Walk of Fame*, somit einer vermeint-
lich ziemlich prominenten Gegend, aber leider weit entfernt
vom Olympischen Gelände. Kuoni stellte einen Bus zur Verfügung, der die Schweizer Gäste des Hotels jeden Morgen
zu den Stadien führte und wieder zurück. Ich empfand den
Fahrpreis als Abzocke und suchte nach einer Alternative,
die ich auch fand: L.A. hat ein gutes öffentliches Bussystem,
das aber nur von den armen Leuten benützt wird (weil alle
anderen ein Auto besitzen) und dies eigentlich ausschliesslich für Kurzstrecken. Das wurde mir so im Büro der Verkehrsbetriebe vermittelt, welches ich aufgesucht hatte. Ich
fragte: „Gibt es auch ein Tages- oder Wochenabonnement?".

Antwort: „Ja, das gibt es, aber niemand kauft das!" Niemand? Nicht ganz! Ich kaufte ein Wochenabo, weil es meinem Bedürfnis entsprach und überdies spottbillig war. Auf den ersten Blick schien es etwas schwierig die Route der Busstrecke zum Olympiagelände zu definieren. Aber schlussendlich war auch das recht einfach: Ich musste nur einmal umsteigen! Die Fahrt war spannend. Sie führte durch unterschiedliche ethnisch geprägte Stadtteile: Auf diese Weise passierte ich Chinatown, fuhr auch durch die Quartiere der Japaner, der Deutschen, der Osteuropäer, der Juden, der Südamerikaner. Der Bus hielt jeden halben Kilometer an. Interessante Leute stiegen ein und aus, die meisten fuhren sehr wenige Stationen. Die Fahrt einer Strecke vom Hotel nach Olympia dauerte Fünfviertelstunden, genau so lang wie mit dem Kuoni-Bus, nur viel kurzweiliger und ohnehin viel billiger. Denn Kuonis Olympiabus fuhr nicht auf Lokalstrassen, sondern in einem weiten Bogen ausschliesslich über gesichtslose Schnellstrassen. Nach meiner erfolgreichen Testfahrt hin und zurück erzählte ich dies einer Gruppe von Schweizern in meinem Hotel. Auch die kauften ihre Generalabonnemente, fuhren einmal in meiner Begleitung und in den nachfolgenden Tagen allein. Auf diese Weise wurde ich zu Kuonis Widersacher, weil ihr Bus nun fast leer hin und zurück fuhr. An einem Abend war ich leichtsinnig. Ich war nach der Abendsession im Olympiawettkampf der Leichtathleten voller Emotionen, etwas überdreht und unkonzentriert. Ich stieg in einen falschen Bus. Dieser fuhr in Richtung San Bernardino Valley, was ich schon nach kurzer Zeit bemerkte. Ich erklärte dem Busfahrer mein Missgeschick und dieser sagte, ich soll im Bus bleiben, müsse an einer bestimmten Station aussteigen und von dort einen anderen Bus Richtung Hollywood nehmen. Er werde mir bei der entsprechenden Station Bescheid geben. Die Fahrt zog sich unendlich lange hin. Ich begab mich dreimal zum Driver vor, fragte, ob er mich vergessen habe. Antwort: "Nein, nur Geduld!" Endlich hörte ich ihn sagen: „Du nimmst hier die Nummer 238 in diese Richtung!" Inzwischen war es nach Mitternacht und die Gegend war gottverlassen: Rund herum erkannte ich heruntergekommene Fabrikhallen, keine Passanten mit Ausnahme einiger schwarzer Kleinkinder, die nur kurze Hosen und keine Hemdchen trugen. Sie umkurvten mich mit ihren Velos. Ich sagte zu ihnen: „Ihr gehört schon längst ins Bett!" Sie antworteten: „Nein, wollen wir nicht, tun wir nicht!!" Auf der Strasse fuhren so viele Autos in beide Richtungen wie bei Rushhour. Ein Bus mit der Nummer 238 wollte nicht kommen. Alle Taxis, denen ich zuwinkte, fuhren schnöde im Eilzugstempo an mir vorbei. Nach einer Stunde hatte mein Warten ein Ende. Jener Bus mit der ersehnten Nummer fuhr vor und ich stieg ein. In diesem Bus herrschte Halligalli. Die Passagiere schienen ausschliesslich beschwipste Partygänger in aufgeräumter Stimmung auf ihrem Nachhauseweg zu sein. Ein langhaariger, bärtiger Althippy spielte auf seiner Gitarre Ohrwurmmelodien und die Passagiere sangen kräftig mit. Eine 70-Jahre-Plus-Matrone mit Goldlöckchen und Kussmund in knallig blauem Seidenkleid tanzte lasziv in der Mitte des Buses. Bei jeder Station geriet Madame beim Anbremsen aus dem Gleichgewicht und fiel einem der Buspassagiere auf den Schoss, was die Lady sichtlich genoss. Die Frau machte sich ungeniert an einen Polizisten in Uniform heran. Der Mann in fortgeschrittenem Alter - wohl unmittelbar vor der Pensionierung - war die Güte selbst. Er liess sich von der

Frau ohne Protest zum Affen machen. Die Dame nahm ihm die Polizeimütze vom Haupt und setzte diese auf den eigenen Kopf. Sie küsste ihn auf die Backen und löste seine Krawatte. Die Passagiere lachten sich heiser, schrien: „Weiter, Mom, weiter…". Als das Chinese Theater in Sichtweite kam, war ich glücklich. Es ging nun gegen 2 Uhr. In der Hotellobby sassen noch immer einige Schweizer Sportsfans, becherten und sangen ausgelassen. Als sie mich sahen, lachten sie mich aus: „Du hast wohl den falschen Bus genommen…!" Sie ahnten mein Missgeschick. „Diesen Fehler haben wir auch schon hinter uns!"

Dass viele amerikanische Bürger Sympathie für eine hart vorgehende Polizei haben, kann ich bis zu einem gewissen Grad nachvollziehen. Die harte Hand der Exekutive hat in den letzten Jahrzehnten insbesondere in Amerikas Grossstädten zu einer verbesserten Sicherheit geführt. Als ich das erste Mal in New York war – vor bald fünfzig Jahren – stiegen wir – mein Bruder, seine Frau und ich – in einen U-Bahnzug, der in die falsche Richtung fuhr. Statt am Battery Park nahe des Hudson Rivers, stiegen wir Mitten in Haarlem aus. Die Adresse, nach der wir suchten, gab es hier nicht. Ein schwarzer Mann in adrett hellem Anzug, Hut und gerolltem Schirm, den wir um Rat fragten, antwortete, dass diese von uns gesuchte Adresse in der Gegenrichtung der U-Bahn zu finden sei. Im Übrigen gebe er uns den guten, sehr dringenden Rat, hier sofort abzuhauen. Denn dies sei Haarlem. Weisse von solch naiver Einfalt wie wir, würden einen Überfall geradezu heraufbeschwören. Heute hat sich das Blatt gewendet. Die Gegend östlich des Zentralparks – Haarlem - ist ein populärer Stadtteil von NY geworden und sicher für Weiss wie Schwarz. Dies hat aber auch eine Kehrseite: Nur noch vermögende Menschen können sich leisten, hier zu wohnen! Der Anteil der farbigen Bevölkerung ist zwischenzeitlich dramatisch tief gefallen, weil für Normalverdiener finanziell nicht mehr tragbar. Früher konnte man nachts ausgeschlossen durch den Central Park in NYC flanieren – zu gefährlich! Heute kann dies ohne grösseres Risiko geschehen. 1976 spazierte ich eines Nachmittags allein in der Innenstadt von Toronto, hatte gerade den imposanten CN-Tower besichtigt und war auf dem Weg zurück zum Hotel, als ich von zwei baumlangen Schwarzen – inmitten von vielen Passanten in die Zange genommen wurde. Ihre Gesten waren unmissverständlich: *Geldbörse raus, Bürschchen, sonst Messer im Bauch!* Mein erster Gedanke war: Es kann doch nicht sein, dass ich Angesichts dieser vielen Passanten auf offener Strasse überfallen werde! Ich war damals 36-jährig und topfit, riskierte alles: Ich entwand mich mit einem Schmetterstart der Einkreisung und rannte so schnell ich rennen konnte vom Gehsteig in die mit vielen Autos belebte Strasse. Einer der Gangster verfolgte mich gnadenlos durch das Verkehrsgewühl, sein Kollege spurtete auf der anderen Strassenseite parallel, versuchte mir den Weg abzuschneiden. Die Strecke bis zum rettenden Hotel – vielleicht 300 Meter – legte ich wohl in persönlicher Bestzeit zurück. Auf jeden Fall wurde ich nicht eingeholt. Ich rapportierte – schwer atmend – dem Personal der Rezeption den Vorfall und diese alarmierte die Polizei, die in kurzer Zeit auftauchte. Aber die schweren Jungs waren nicht mehr auffindbar, wie dies nicht anders zu erwarten war.

8. Alter schützt vor Lernen nicht

Im Jahr 1991 belegte ich – 50-jährig - an einer Sprach-schule in Honolulu einen mehrwöchigen Kurs. Ich hatte meinen Geschäftsanteil meinem Bruder verkauft und ich fühlte mich – eigentlich das erste Mal im Leben – richtig befreit. Eine geschäftliche Neuorientierung stand an, aber dies drängte nicht. Meine Frau gewährte mir die Freiheit – entfernt von der Familie – noch einmal die Schulbank zu drücken. Es ging darum mein schriftliches Englisch auf Vor-dermann zu bringen. Englisch zu sprechen bereitete mir keine Probleme, aber fürs Schreiben hatte ich bislang stets vorwiegend meine Sekretärinnen zur Hand. Da es mein Ziel war meinen Job als freier Geschäftsmann künftig ohne An-gestellten zu betreiben, erwartete ich, dass diese und jene Schreibarbeit auf mich zukommen würde. Und diese sollte nicht nur in Deutsch, sondern eben auch in englischer Spra-che in einwandfreiem Stil erfolgen.

Bei der Einreise mit dem Studentenvisum musste ich un-ter anderem einen Auszug meines Bankkontos vorlegen. Ganz offensichtlich waren die Amerikaner an Bettelstuden-ten nicht interessiert. Ich hatte ein Formular zu unterschrei-ben, wonach ich mich einverstanden erklären musste, dass die Vereinigten Staaten niemals finanziell für mich aufkom-men würden, was auch immer geschehe. Der Immigration-Officer am Flughafen checkte meine Einreisedokumente ge-nau. Erst blickte er auf meinen Bankkontoauszug, dann suchte er mein Geburtsdatum und schliesslich warf er einen leicht abschätzigen Blick auf meine grauen Haare, sagte dann langgezogen: „And you are sure to be a student?"

Am ersten Schultag hatte ich sowohl einen schriftlichen wie auch einen mündlichen Eintrittstest zu leisten zwecks Klasseneinstufung. Die schriftliche Prüfung fiel ernüchternd aus. Das ärgerte mich. Aber dann sagte ich mir, dass ich ja genau deswegen hier sei, um diese Mängel zu verbessern. Ein Mitstudent, wie ich Schweizer, hörte mich sprechen und rempelte mich anschliessend an: „Ich frage mich, weshalb Du da bist! Du sprichst ja bereits perfekt Englisch!" Perfekt? Ich lächelte.

Noch am gleichen Tag wurde ich wie alle anderen Neueintretenden zu einem Gesundheitsuntersuch inklusive HIV-Test in die sanitarische Institution des städtischen Spitals geschickt – links die Frauen, rechts die Männer. Ich empfand das Prozedere unglaublich erniedrigend. In Gruppen zogen sich die Männer aller Gattungen und Hautfarben für den medizinischen Untersuch aus. Neben mir standen Fremdarbeiter aus Asien, die für die Ananas-Ernte angeheuert worden waren, ausländische Studenten wie ich, sowie Gangster, Flüchtlinge und Alkoholautofahrer - letztere alle in Ketten mit Hand- und Fussfesseln versehen. Die Kommandos erfolgten wie in der Rekrutenschule: Scharf, gehässig, abwertend. Ich sagte zu einer dunkelhäutigen Aloha-Krankenschwester, welche Dimensionen ähnlich eines Sumoringers aufwies, in leicht angekratztem Ton, ich sei kein Hund, sie dürfe mich bitte anständig behandeln. Sie herrschte mich an: „Ist Dir bewusst, dass ich die Macht habe, Dich jederzeit aus den USA raus zu werfen, wenn es mir gefällt!" Dies war in der Tat ein deutlich weniger netter Empfang als nach der Landung am Flughafen von Honolulu, wo mir ein schlankes Aloha-Mädchen eine wundervoll duften-den Blumengirlande umgehängt hatte.

Ein Drittel der Studenten dieser Sprachschule stammte aus der Schweiz, ein Drittel aus Japan, der Rest kam von überall her - Koreaner, Deutsche, Österreicher, Araber, Süd-amerikaner. Die Schweizer fielen durch ihre vorlaute Ge-schwätzigkeit auf, konnten jedoch schriftlich weniger über-zeugen. Die Japaner waren schriftlich hervorragend, aber wagten kaum zu sprechen. Die meisten lebten in permanen-ter Angst einen Fehler zu begehen und so das Gesicht zu verlieren. Wenn einer der Studenten sprach, konnte man meist seine Herkunft heraushören. Die Deutschen, Österrei-cher und Zürcher fielen durch einen besonders ausgepräg-ten Akzent auf. Bei mir waren alle sehr verunsichert, fragten woher ich komme, denn als Nicht-Zürcher entsprach meine Aussprache nicht dem bekannten Schweizer-Schema. Viele waren überrascht, denn in der weiten Welt gibt es nicht we-nige, welche die Schweiz der Stadt Zürich gleichsetzen. Ich wurde im Geschäftsleben bei Sitzungen oder Skype-Konfe-renzen schon unzählige Male als *Mr. Grabher from Zurich* vorgestellt. Meine Geschäftspartner in Singapur, Johannes-burg oder Montreal konnten sich anscheinend nicht vorstel-len, dass da einer aus der Schweiz war, der nicht in Zürich wohnt. Mir war aber daran gelegen partout kein Zürcher zu sein. Und noch etwas war auffallend: Die Studenten aus Ja-pan waren vorwiegend weiblich, jene aus der Schweiz zu-meist männlich, alle übrigen fast nur Männer.

Ich war der weitaus älteste Student der ganzen Schule – im Durchschnitt doppelt so alt wie meine Mitstudenten. Dadurch fiel ich auf. Als einziger wohnte ich in einem Hotel, alle anderen hatten sich bei Familien einquartiert. Diese

Gastfamilien lebten vornehmlich in eher bescheidenen Verhältnissen. Klar, Reiche benötigen das Haushaltzubrot von Kostgängern nicht. Eigentlich hätten diese Kollegen, Kolleginnen Anspruch auf drei Mahlzeiten gehabt. In Wirklichkeit kümmerte sich mehrheitlich niemand um die Gäste, man verwies sie auf den Kühlschrank, der allerdings vielerorts gähnend leer war. Um nicht dem Hungertod anheim zu fallen, hatten diese Studenten oft keine andere Wahl als selbst einzukaufen und zu kochen oder auswärts zu essen. Einer erzählte mir, dass er bei einer älteren Lady wohne, die nur 5 Flaschen *Martini* und viel Eis im Kühlschrank habe, sonst nichts. Entsprechend war die Frau täglich 24 Stunden bedudelt. Eine Mitstudentin stellte mit Schrecken fest, dass ihre Gastgeberin, eine alleinerziehende Mutter mehrerer übergewichtiger Kinder, am Morgen, am Mittag und am Abend jeweils ein Kind zu McDonalds rüberschickte, um dort Junk-Food und Cola einzukaufen, das auf den Tisch gestellt wurde.

Mein Dreisterne-Hotel lag in Honolulu in der dritten Zeile zum Waikikistrand, somit nicht in besonders bevorzugter Position. Dennoch war ich mehr als zufrieden mit meiner Unterkunft. Meine Penthousesuite befand sich im obersten Stockwerk in der 22. Etage. Die Behausung verfügte – nebst dem Wohn- und Schlafzimmer - über eine nette Küche und einen grossen Balkon, von dem ich einen weiten Rundumblick über die Häuserzeilen zum Meer und auch zum *Diamond Head*, Honolulus Hausberg, hatte. Ich kochte stets selbst, ausgenommen wenn ich auf Reisen war. Ich tafelte an der frischen Luft auf dem Balkon, genau wie zuhause. Meine Speisen waren lecker und gesund, beinhalteten in jedem Fall auch einen gemischten Salat. Als ich das erste Mal kochte – einen Salmon brutzelte – stieg etwas Rauch aus der Pfanne, was den Feueralarm auslöste. In amerikanischer Manier war das mit einem Heidenspektakel mit viel Getüte verbunden. Innert weniger Sekunden standen die Security-Leute des Hotels mit Feuerlöschern im Anschlag in meinem Zimmer. Sie lachten: „Das riecht aber gut bei Dir..., das nächste Mal bitte mit etwas weniger Hitze arbeiten!" Also öffnete ich künftig beim Kochen alle Fenster und Türen nach aussen noch weiter.

Für den Unterricht konnte man wahlweise die Morgen- oder die Nachmittagssession wählen. Ich entschied mich für die Morgenlektionen, damit hatte ich am Nachmittag frei. Dies war auch insofern nach meinem Geschmack, weil ich mir damit die anderen Schweizer auf Distanz halten konnte. Die meisten davon waren Nachtschwärmer, die jeden Abend Läden wie das *Hard Rock Café*, Clubs und Nachtbars bevölkerten und am Morgen ausschlafen mussten. Sie quatschten untereinander ausschliesslich Schweizerdeutsch und hatten es lustig – dafür war ich nicht nach Hawaii gekommen!

Eine Mehrzahl der Studenten verfügte über einen Mietwagen – die Schweizer überwiegend. Angesichts der Tatsache, dass Honolulu eine Grossstadt ist, erlag ich dieser Versuchung nicht. Die Kollegen mit Auto stöhnten über den intensiven Verkehr, den Mangel an Parkplätzen und die sehr teuren Parkgebühren. Selbst auf dem Parkplatz der Schule hatte man zu zahlen. Eine Gruppe junger Männer aus der Schweiz entschied jedoch aus Prinzip nichts zu zahlen. Diese Schlitzohren waren im Stand den Parkwächter Tag für Tag mit irgendwelchen Tricks von seinem Häuschen weg zu locken. Dann entfernte einer schnell das Hütchen bei der

Ausfahrt und ein Dutzend Autos rauschten aus der Parking Area, ohne zu zahlen. Nach dem letzten Auto des Konvoys wurde das Hütchen wieder auf die Strasse gestellt. Viele Japaner hatten ebenfalls Mietautos, aber die Asiaten beteiligten sich nie an dieser Mogelei. Sie konnten die Dreistigkeit der Schweizer nicht nachvollziehen. Sie sagten, dass man solches grundsätzlich nicht tue. Und sie erwähnten, dass sie dies von Schweizern nie erwartet hätten, da Schweizer in Japan als korrekt gelten würden. Wenn diese Schweizer mit den Japanern über dieses Thema diskutierten, argumentierten die Schweizer genau umgekehrt: Sie sagten, dass die Amis Raubritter seien und sie sich diesem Diktat des Wuchers nicht unterziehen würden. Die Schulgebühren seien teuer genug. Was allerdings stimmte.

Was mich betraf: Ich benützte den Linienbus. Also fragte ich im Sekretariat der Schule nach, ob es ein Abonnement gebe für Leute, die regelmässig das ÖV-System benützten. Antwort: Nein, so etwas gebe es weder in Hawaii im Besonderen noch in den USA im Allgemeinen. Da ich dies nicht glaubte, suchte ich die Direktion der Städtischen Verkehrsbetriebe auf. Eine Dame an der Rezeption wollte mich abwimmeln. Ich blieb hartnäckig. Schlussendlich landete ich im Büro des Direktors. Dieser erklärte mir, dass es durchaus Abos geben mit Gültigkeit für eine Woche oder einen Monat. Aber diese seien beim Volk weitgehend unbekannt, weil unpopulär und würden deshalb kaum benützt. Diese Erklärung war für mich nicht nachvollziehbar. Ich kaufte auf der Stelle ein Monatsabo gültig für die ganze Insel Oahu zu einem Spottpreis. In der Schule machte ich einen Anschlag, wo ich einen Hinweis auf die Möglichkeit dieser Abos hinwies. Dieses mein Vorgehen entfachte in der Schule einen

Wirbel. Der Schuldirektor stauchte seine Leute in seinem Sekretariat in aller Öffentlichkeit zusammen. Es sei ja wirklich beschämend, dass all die Jahre niemand auf diese Idee des ÖV-Abos gekommen sei, dass ein Europäer dies herausfinden musste und erst noch genötigt sei, eigenhändig einen Anschlag zu machen. Dies hatte zur Folge, dass nun alle Studenten ohne Leihauto ein solches Abo erstanden.

Die Unterrichtsstunden waren sehr kurzweilig und lehrreich. Es gab viele Rollenspiele, die zum Sprechen animierten. Wir wurden angehalten Texte aus Magazinen zu lesen, worüber wir dann eine Zusammenfassung zu schreiben hatten. Generell war ich sehr angetan über die fortschrittlichen Lehrmethoden und die engagierten Lehrer – durchwegs pensioniert Universitäts-Professoren.

Mit einem der Professoren, sein Name war Paul, baute ich eine private Freundschaft auf. Wir hatten in vielen Themen eine identische Wellenlänge. Dieser Mann in einem Alter von wenig über 70 Jahren zeigte täglich einen Film, den wir dann zusammen diskutierten. In einigen der Streifen – meist Krimis - spielte Paul selbst mit, auch in Hauptrollen als Kommissar. Paul erklärte, dass er über Jahre hinweg den Beruf eines Filmschauspielers ausübte. Als er älter wurde, war er plötzlich nicht mehr gefragt. Da er in dieser selben Periode auch mit seiner Gattin (mit der er 40 Jahre verheiratet war und mehrere Kinder hatte) und der ganzen Familie in Streit geriet, flüchtete er … nach Hawaii, wo er seine über 30 Jahre jüngere Freundin – ein lustiges, blondes Mädchen aus Litauen - heiratete. Paul gestand mir gegenüber ein, in seinem Leben viele Fehler begangen zu haben, ein *Bad Boy* gewesen zu sein, wie er sagte. Im Rückblick bereue er vieles. Paul lud mich zu sich nachhause ein. Seine Wohnung war eine noble Attika mit Vollverglasung auf dem höchsten Gebäude von Honolulu mit 360 Grad Rundumsicht, direkt am Wasser gelegen. Schöner konnte man nicht wohnen! Pauls Gattin bekochte uns fürstlich. Der Professor sagte, ich sei der erste Student je, den er nachhause einlud. Wir genossen zusammen einen animierten Abend, weil insbesondere auch Pauls Ehefrau eine interessante Gesprächspartnerin war. Sie erzählte eine Menge Interessantes aus dem Leben im Baltikum, einer Europäischen Ecke, die eben im Begriff war sich von der Sowjetunion zu emanzipierten. Das Land war nun voll im Prozess die Unabhängigkeit zu erlangen. Ein spannendes Thema. Später am Abend, als die Weinflaschen leer waren und die Frau nur noch deutsch sprach, so als hätte sich all ihr Englisch im Hirn in einer Blackbox eingeschlossen, fand ich die Zeit als gekommen, mich zu verabschieden. Denn der Professor war wütend geworden, weil er nicht mehr verstehen konnte, was wir sprachen. Dabei konnte ich seine Wut ganz gut nachvollziehen.

Das Leben in Hawaii empfand ich als paradiesisch: Immerzu schönes, warmes Wetter. Ich verzog mich jeden Nachmittag an einen möglichst einsamen Strand, um unter leicht wogenden Palmen zu baden, vor allem aber um zu lernen. Dabei war ich sehr konzentriert und diszipliniert. Wenn mich Mitstudenten fanden und sich zu mir setzten, erfand ich schon nach kurzer Zeit einen Grund mich zu verabschieden, wenn es sich um Schweizer handelte. Kollegen aus anderen Kulturen hingegen nützte ich zumindest teilweise als Konversationspartner. Am späteren Nachmittag und abends unternahm ich stundenlange Wanderungen auf der Insel Oahu, dem Meer entlang oder in der traumhaften Natur der Berge. Ich beobachtete die Wellensurfer und jeden

Abend den Sonnenuntergang. Ich besuchte Ausstellungen, Museen und auch ein Fussballspiel von Frauen – etwas, was zu jener Zeit in Europa noch kaum existierte. Punkt 20 Uhr telefonierte ich täglich mit meiner Gattin, die dann 8 Uhr morgens hatte. Ich erzählte ihr, was ich erlebt hatte. Und sie berichtete mir ihrerseits von sich und unseren Kindern (damals 23- und 15-jährig), beide im Studium.

An den Wochenenden, den Samstagen und Sonntagen, hatten wir schulfrei. An diesen beiden Tagen unternahm ich stets eine Reise zu einer anderen Schwester-Insel – einmal mit einem Schiff, die anderen Male mit Flugzeugen. Eine der Reisen war von besonderer Art: Ich hatte mich bei einem Mann gemeldet, von dem ich erfahren hatte, dass er Japaner sei. Er war im zweiten Weltkrieg als blutjunger Pilot bei der Schlacht um Pearl Harbour abgeschossen worden, hatte überlebt, kam in ein amerikanisches Spital und blieb schliesslich in den USA hängen. Nach der Pensionierung kaufte er eine alte ausgemusterte Militärmaschine, die im zweiten Weltkrieg im Einsatz gestanden hatte. Dieses Fluggerät mit zwei Propellermotoren renovierte er eigenhändig und baute es zu einem kleinen Passagierflugzeug um, sodass der Flieger zehn Personen aufnehmen konnte – nebst dem Piloten noch neun Passagiere. Damit flog der ältere Herr ausgewählte Touristen zu anderen Inseln, führte dort seine Gäste mit einem Kleinbus zu den interessantesten Punkten und am Abend ging es wieder zurück nach Honolulu. Bevor der Flug startete, machte der Japaner uns Fluggäste erst mit dem detaillierten Reiseprogramm bekannt, dann mit den Eigenheiten dieses Fluges und den Sicherheitsvorschriften. Er erklärte, dass einer der Passagiere vorne neben ihm, dem Piloten, sitzen müsse. Seine Frage lautete: "Hat jemand von Euch zufällig einen Piloten-schein?" Das war kein Jux, sondern ernst gemeint. Niemand war diesbezüglich dienlich, deshalb fragte er: „Ist jemand freiwillig bereit vorne neben mir zu sitzen?" Darauf melde-ten sich alle fünf anwesenden Männer. Der Japaner schaute in die Runde, zeigte dann auf mich: „Er ist mein Copilot!" Damit hatte ich augenblicklich den Neid der vier anderen Herren auf mich geladen, obwohl ich daran keine Schuld trug. Von innen präsentierte sich der Flieger noch viel älter als von aussen und ich fragte mich ernsthaft, ob es klug war mich auf dieses Abenteuer einzulassen. Der Japaner sagte zu mir: „Kollege, Du hast nur eine Pflicht, nämlich keinen der Hebel, Knöpfe, Schalter, Tasten, Knüppel und Pedale in Dei-nem Blickfeld anzufassen! Denn *ich* bin hier der Pilot! Ver-standen? Solltest Du nicht gehorchst, stürzen wir ins Meer! Ich denke zwar, dass Du schwimmen kannst, aber ich warne Dich, es hat viele Haie da draussen im Wasser! Diese warten nur auf uns!" Der umgängliche Kerl mit den Schlitzaugen hatte zumindest Humor. Und an Routine fehlte es ihm of-fensichtlich auch nicht. Er erwähnte beiläufig tausende Stunden in Cockpits von Flugzeugen aller Art verbracht zu haben... Der Flug über das Wasser zur Insel Kauai war problemlos, der Start und die Landung ebenfalls. Der Waimea Canon, den wir besuchten, ist tiefer als der Gran Canyon in Arizona. Vor dem Rückflug zuckte der Japaner die Achsel. „Ich will wieder Hermann neben mir als Copilot, er gibt mir so ein sicheres Gefühl!" Jetzt fühlte ich den Groll der Männer an Bord – durchwegs Amerikaner – beinahe körperlich. Einer der Guys sagte abschätzig: „Die Ausländer halten zusammen!" Der Japaner lachte: „Stimmt nicht! Ich bin seit Jahrzehnten US-Amerikaner!"

Wie man weiss, rissen während des Zweiten Weltkriegs die Japaner die Amerikaner aktiv ins Kriegsgeschehen, indem sie die US Pazifik-Seeflotte, in Pearl Harbour auf Oahu stationiert, ohne vorherige Kriegserklärung aus der Luft bombardierten und weitgehend vernichteten. Die jugendlichen japanischen Piloten – in der Heimat als Helden gefeiert - waren alles Kamikaze, sozusagen dem Tod geweiht. Denn da war kein Sprit mehr im Tank nach Abschluss der Mission für den Rückflug zur Heimbasis. Als der militärische Ausguck - auf dem *Diamond Head* positioniert - die anrückenden feindlichen Flieger erspähte, war es weit zu spät. Eines der damaligen Kriegsschiffe, die *USS Arizona*, versuchte noch zu fliehen, schaffte es aber nicht und sank – getroffen von unzähligen Einschlägen - wenige Meilen vor der Küste. Von den 1177 Mann Besatzung starben 1102. Das Schiff ruht noch immer auf dem Meeresgrund und die toten Soldaten wurden bewusst nie geborgen. Das Schiff wurde symbolisch zum Helden-Sarkophag. Die *USS Arizona* ist heute ein US National Monument. Über dem Kriegsschiff wurde eine Plattform angelegt. Pendelboote bringen Touristen aus Honolulu zu dieser Plattform. Das Schiff auf dem Meeresgrund ist im sauberen Wasser des Pazifiks mit allen Einzelheiten klar erkennbar. Auf einer Tafel sind alle getöteten Soldaten aufgeführt. Fotografien und Filme dokumentieren das Kriegsereignis auf grausam eindrückliche Weise. Da die Hawaii-Inseln nur zirka 5 Flugstunden von Japan entfernt sind, gibt es stets viele Touristen aus diesem Land, die eben auch wünschen, dieses historische Monument zu besichtigen. Ein Ranger beschrieb die Vorkommnisse vom Dezember des Jahres 1941 pathetisch und wies dann darauf hin, dass die Amerikaner den Japanern längst verziehen hätten. Darauf fordert er die anwesenden Amerikaner und Japaner auf, sich gegenseitig die Hände zu reichen als Geste der Versöhnung. Als ich dort war, fielen sich Amerikaner und Japaner tatsächlich emotional in die Arme und nicht wenige vergossen Tränen. Wenn man sich vor Augen führt, wie zurückhaltend sich Japaner unter normalen Umständen in der Öffentlichkeit benehmen, war diese Gefühlsregung ausserordentlich. Für mich war es ein sehr bewegendes Ereignis.

Den *Diamond Head* – ein erloschener Vulkan, der vor über 100'000 Jahren explodierte, kann man erklimmen, allerdings nur unter Einsatz einer Portion Schweiss: Vom Kraterrand bis zur Spitze führen 279 steile Stufen zum Top, wo die grosse Kanone von damals noch immer in Position steht.

Ein Ereignis lässt mich heute noch immer erschaudern: Während einer Unterrichtspause sass ich auf dem WC-Thron, als plötzlich ein lauter Knall und darauf ein dumpfes, lautes Donnergrollen zu hören war. Das Schulgebäude vibrierte, ja schaukelte ähnlich einem Schiff bei Wellengang. Das Licht fiel unvermittelt aus. Ich befand mich in totaler Finsternis. In meinem Kopf breitete sich ein sonderbares Schwindelgefühl aus, wie ich es noch nie je zuvor erlebt hatte. Es drehte sich alles und ich hatte grosse Mühe das Gleichgewicht zu halten, nicht von meinem Sitz zu fallen. Übelkeit überfiel mich innert Sekunden. Tastend versuchte ich mich zu orientieren. Ich hatte nur ein Ziel, nämlich diesem unheimlichen Kerker schnellstens zu entkommen. Ohne das geringste zu sehen, hangelte mich an der Wand entlang vor, horchte nach Geräuschen, konnte aber nichts hören. Nach langen, bangen Minuten gelangte ich durch eine Türe in einen Gang, der von einer schwachen Notbeleuchtung erhellt war. Ich vernahm eine Durchsage: Eine

Stimme befahl das Gebäude sofort zu verlassen wegen Einsturzgefahr. Etwas später stiess ich auf Studentenkollegen, die in Schockstarre zum Ausgang strebten. Im Freien musste ich mich übergeben, identisch wie dies andere auch taten. „Ein Erdbeben, ein Erdbeben…!" schrien vor allem Mitglieder der japanischen Fraktion. Alarmsirenen ertönten und schnell machte eine Warnung vor einem Tsunami die Runde. „Tsunami, was ist das? Sorry, noch nie gehört!" Dass die Japaner am rationalsten reagierten, erschien mir logisch, denn dort passieren Erdbeben nicht selten. Auch ich war einmal in Tokyo, lag im Bett des Hotelzimmers, als der Raum bebte und der Wandkasten bedrohlich wankte, nur durch den Eingriff meines Schutzengels nicht auf mich fiel, sondern mit Getöse zurück in die korrekte Position an die Wand knallte. Sowohl in Honolulu wie auch in der Vergangenheit in Tokyo waren die entsprechenden Ereignisse eine knappe Meldung im TV und am Radio Wert, nicht mehr. Die Amerikaner verkündeten selbstbewusst, dass alle Gebäude in Honolulu erdbebensicher gebaut seien – man sehe hiermit realitätsnah weshalb dies eine sinnvolle Vorschrift sei. Eine Stunde später kam der elektrische Strom zurück und der Schulunterricht ging weiter.

Am Ende des Kurses veranstaltete die Schule eine Abschlussfeier – Amerikaner sind bekannt dafür, solche Feiern in weit übertriebener Form zu zelebrieren. Der Direktor verteilte die Zeugnisse und Diplome. Zu Beginn der Veranstaltung winkte mich Paul zu sich: „Hier habe ich einen Platz für Dich reserviert!" Seine blonde Frau sass neben ihm, sie reichte mir die Hand zum Gruss. Der freie Stuhl für mich befand sich neben Paul, nicht neben seiner Gattin, der Litauerin. „Du weisst weshalb: Um zu verhindern, dass Ihr wieder anfängt Deutsch miteinander zu quatschen...!" Der Direktor hatte für jeden Absolventen eine persönliche Würdigung bereit, lobte, tadelte auch... Als er mir das Dokument überreichte, sagte er: „Hermann was the best student as we had ever!" Ich antwortete: „Nein, bestimmt war ich nicht der Beste! Aber ich war wohl der Älteste je und somit auch jener Mensch mit am meisten Lebenserfahrung, vielleicht der grössten Ernsthaftigkeit und dem Willen, das bestmögliche Resultat zu generieren! Und dies zahlte sich aus!" Ich benützte die Gelegenheit auch eine kleine Ansprache zu halten. Ich rühmte die Lehrer, die Schule mit dem exzellenten Lernsystem, was den Amerikanern sehr gut gefiel.

Als ich sechs Wochen später nachhause zurückkehrte, freute sich meine Frau: „Du siehst so erholt und gesund aus als hättest Du Ferien gehabt und nichts anderes! Hast Du tatsächlich auch etwas gelernt?"

9. Raketen

Ich bin kein Freund von Raketen. Feuerwerke aus beson-
derem Anlass wie Silvester/Neujahr, dem Nationalfeiertag
oder anlässlich eines Seenachtfestes sind mir alles andere als
sympathisch. Die Gründe meiner Ablehnung sind die Lärm-
belästigung, sowie die extreme Luftverschmutzung durch
Feinstaub. Die lauten Detonationen stören nicht nur viele
Menschen, insbesondere Kinder, Alte und Kranke, sondern
verängstigen auch Haus- und Wildtiere. Das muss nicht
sein. Die Menschheit kann gut darauf verzichten!

Aber ich gebe zu, ich bin nicht konsequent. Seit meinen
jungen Jahren verfolge ich die Raumfahrt und ich bin faszi-
niert vom Gedanken, dass der Mensch in der Lage ist seine
räumlich erdgebundenen Grenzen zu sprengen. Um ins All
zu gelangen, ist man gezwungenermassen auf kraftvolle
Antriebe angewiesen, Raketen eben.

Meine Generation der plus/minus 80-Jährigen hat die
ganze Entwicklung der Raketentechnik, beziehungsweise
der Raumfahrt, miterlebt. Als ich ein Bub war, erzählte mir
mein Vater von Hitlers Plänen im Zweiten Weltkrieg durch
den Bau von Trägerraketen mit Sprengsätzen ein strategi-
sches Übergewicht gegenüber den Alliierten zu erlangen
mit dem Endziel die Weltherrschaft an sich zu reissen. Die
Raketen der Nazis waren ausgelegt für mittlere bis weitere
Distanzen (entsprechend der damaligen Vorstellungen). Es
waren Waffen, die in der Lage waren, verheerende Vernich-
tung anzurichten. Ein zusätzlicher Ansatz der Deutschen
Wehrmacht war, damit den Einsatz von Flugzeugen zur

Bombardierung feindlicher Gebiete reduzieren zu können. Denn ausser der viel grösseren Sprengkraft und damit der Weitung des Vernichtungspotentials, sah man als Vorteil, keine Piloten mehr einsetzen zu müssen. Denn die Raketen waren programmierbar, flogen ohne Bemannung mehr oder weniger zielgenau. Dabei ging es nicht mal so sehr darum Pilotenleben zu schonen, sondern bei den Deutschen wurde die Anzahl fähiger Piloten mit Zunahme der Kriegsdauer immer empfindlicher ausgedünnt. Letztlich gelang Hitler dieser Husarenstreich nicht in der geplanten Mächtigkeit. Seine Armee wurde 1945 in die Knie gezwungen, noch bevor Hitlers Geheimwaffen den entscheidenden Durchbruch schafften. Die Nationalsozialisten nannten die Raketen V – Vergeltung gegenüber den Alliierten (insbesondere England und Amerika), jener Allianz, welche deutsche Städte bombardierte. Dieser Bezeichnung – Vergeltung – war typisch für die Verdrehung von Fakten, einer Taktik, welche alle Unrechtregime der Erde unisono praktizieren. Denn es war ja Deutschland, welches den Krieg 1938/1939 initiierte. Diese Geheimwaffen wurden in unterirdischen Bunkern – sicher abgeschirmt von den Bombardements über der Erde - mehrheitlich von Strafgefangenen, vornehmlich Kriegsgefangenen, gefertigt. In den zwei letzten Kriegsjahren 1944 und 1945 verbreitete die Deutsche Geheimwaffe insbesondere in Südengland mit der Stadt London und in Belgien mit der Hafenstadt Antwerpen Angst und Schrecken. Premier Churchill profilierte sich als eigentlicher Gegenspieler Hitlers. Churchill war im Stande seine Landsleute immer wieder auf den unverbrüchlichen Widerstand einzuschwören, zu ermutigen und zu ermahnen, keinesfalls aufzugeben.

In gleichem Zug wurden in Deutschland gegen Ende des Zweiten Weltkriegs auch superschnelle Jet-Jagdflugzeuge entwickelt mit dem Ziel langsamere Flugzeuge mit Propellervortrieb der Gegner zu dominieren. Auch diese Entwicklung wurde durch das Kriegsende gestoppt, noch ehe der technische Vorsprung entscheidend genutzt werden konnte, das heisst genügend praxisgerechte Maschinen verfügbar waren. Diese Technik war aber immerhin der wichtige Vorläufer und Wegbereiter der kommerziellen Zivilluftfahrt mit Jetflugzeugen in der Art wie man sie heute kennt.

Es ist angezeigt die Geburtsepoche der Raketentechnik und die nachfolgende Raumfahrt im Licht der Realität zu betrachten. Als der Zweite Weltkrieg vorüber war, engagierten die Amerikaner viele der führenden Mitglieder der Crew der deutschen Raketeningenieure aus Peenemünde um die Leader Wernher von Braun und Hermann Oberth. Die Amerikaner erkannten das Potential der Raketentechnik. Die Vereinigten Staaten setzten sich fortan die identischen Ziele, die schon Hitler zuvor hatte, nämlich damit ein kriegsstrategisches Übergewicht zu erreichen, dies insbesondere gegenüber den kommunistischen Staaten unter Vorherrschaft der Sowjetunion. Die UdSSR mit ihren Trabanten wurden als künftige Hauptkontrahenten betreffend Dominanz der Weltordung gesehen. Dabei ignorierten die Amerikaner die braune Vergangenheit der deutschen Ingenieure ohne Skrupel. Die deutschen Raketenfachleute ihrerseits sahen in diesem Engagement die Möglichkeit einer Fortführung ihrer bisherigen Forschung und Entwicklung mit generös gepolstertem finanziellem Spielraum. Mehr noch, man fand sogar einen gemeinsamen politischen Nenner, nämlich künftig die rote Gefahr aus dem Osten vereint in die Schranken zu weisen. Was die Amerikaner nach der Kapitulation Deutschlands an V-Raketen habhaft werden konnten, entführten sie in die USA und dies teilweise aus Deutschen Besatzungsgebieten, welche an sich gemäss gültiger Vereinbarungen den Russen zugestanden wären. Aufgrund dieser Situation kamen die Russen in den Nachkriegsjahren in Zugzwang und sie waren verdammt in der Folge ihr Raketenarsenal ebenfalls zu entwickeln. Es war der Einstieg zum unseligen Wettrüsten, das sich *Kalter Krieg* nannte. Dabei spielte ausserdem die Atombombe eine wesentliche Rolle. Pünktlich zu Beginn der grossen Nachkriegsverhandlung im Sommer 1945 unter dem Motto *wie weiter in Europa* nach der Kapitulation Deutschlands, an der sich die Staatschefs Amerikas, Englands und der Sowjetunion trafen, vermeldete die USA am 16. Juli 1945 die Testsprengung einer Plutoniumbombe in der Wüste von New Mexiko mit Namen Trinity (Dreifaltigkeit). Damit meldete Amerika den exklusiven Führungsanspruch im nun folgenden Nuklearzeitalter an. Unausgesprochenes Ziel war es dereinst mal mit Raketen solche Superbomben in weit entfernte Gebiete der Erde schicken zu können – oder zumindest damit eine Drohung in den Raum zu stellen. Diese Vorgabe wurde sehr schnell zumindest teilweise umgesetzt. Schon kurze Wochen später, nämlich am 6. August 1945, warf ein US-Flugzeug über Hiroshima in Japan eine Atombombe ab und drei Tage später folgte noch eine auf die Stadt Nagasaki. Das Resultat war eine totale Verwüstung dieser beiden Städte mit zirka zweihunderttausend Toten und Folgeschäden in gigantischer Dimension, welche noch heute spürbar sind. Damit zwangen die Amerikaner die Japaner zur Kapitulation, was gleichzeitig der grausame Abschluss des Zweiten Weltkriegs bedeutete.

Bei der Aufgleisung der Testreihen mit immer noch grösseren Raketen wurde allerdings vordergründig stets der Gedanke der friedlichen Mission – ausschliesslich für Forschungszwecke - erwähnt. Die Raketen waren mit kleinen Laboratorien bestückt, teilweise mit lebenden Tieren – am Anfang mit Kleintieren wie Insekten, später mit einem Hund und einem Schimpansen. Ziele waren jetzt auch keine geographisch definierten Orte auf unserem Planeten, sondern die Geschosse hatten das Ziel nicht nur die Atmosphäre, sondern auch die Stratosphäre zu verlassen, um in den Orbit zu gelangen. Doch es waren überraschenderweise nicht die Amerikaner, die den ersten Menschen im Weltall 1961 feiern durften, sondern die Russen – Yuri Gagarin. Die anerkennenswerte Leistung war vor allem, dass der Mann nach 1 Stunde 48 Minuten wieder unbeschadet zur Erde zurückkehrte. Die Russen nannten ihre Menschen im Weltall Kosmonauten, die Amerikaner Astronauten.

Die Fortsetzung dieser Geschichte ist auch jüngeren Menschen bekannt: Geräte mit Besatzungen umrundeten erst den Mond und später betraten sogar Menschen den Trabanten unserer Erde. Jahre danach – nach Beendigung des Kalten Krieges - kooperierten Amerikaner und Russen und bauten gemeinsam die Raumstation ISS, die auch heute noch immer in Funktion ist und permanent von Menschen wechselweise bewohnt wird. Sie dient vornehmlich der Forschung.

Ich war schon immer ein Newsjunkie und bin es noch immer. In der Familie, in der ich aufwuchs, gab es keinen Televisionsapparat. Man hätte Fernsehen als Zeitverschwendung betrachtet. Als ich 1967 heiratete, kaufte mir meine junge Frau aus ihrem Geld einen Fernseher, weil sie es nicht schätzte, dass ich für Fussball-Übertragungen eine Gaststätte frequentieren musste. Nun konsumierte ich in der Folge mit unserem TV-Apparat nicht nur Sport, sondern kam fortan eben auch auf direktestem Weg zu den von mir geschätzten News in der Tagesschau. Highlights waren Berichte oder sogar Direktübertragungen von Ereignissen in der Raumfahrt, die 1968 in der Direktübertragung der Mondlandung durch die Amerikaner einen einsamen Höhepunkt erreichten.

In der Zeit, als ich in den 70er Jahren meine ersten Reisen in die Vereinigten Staaten unternahm, sorgte das Apollo-Programm für Aufsehen. Die NASA schoss regelmässig mit Saturn-Raketen Menschen ins Weltall. Ich besuchte das sehr eindrückliche National Air and Space Museum in Washington, wo Original Exponate der Raumfahrt ausgestellt sind. Ich war in Dayton Ohio im Air Force Museum, in dem jegliche Flugzeuge der unterschiedlichen Generationen und auch Exponate aus der Raumfahrt ausgestellt sind. In späteren Jahren besuchte ich mehrere Male das Space Center in Cape Kennedy in Florida, disponierte Amerika-Reisen zu Geschäftszwecken zeitlich bewusst so, dass ich zwei Starts von Apollo Missionen live erleben durfte. Leider fiel die Beobachtung einer Landung der Raumfähre Colombia (die bei einer späteren Mission zerbarst) in Cape Kennedy zu meiner Enttäuschung aus, weil Wolken aufgezogen waren und die

Fähre aus Sicherheitsgründen nach California umgeleitet wurde.

In Cape Kennedy verbrachte ich mehrere Male mehrere Tage, beobachtete in unmittelbarer Nähe wie die 110 Meter hohe Saturn-Rakete zur Startrampe überführt und in Position gebracht wurde. Bei einem Start befand ich mich innerhalb des Space Centers, also sehr nahe, als das Ungetüm mit 2'900 Tonnen Startgewicht (davon 2550 Tonnen Treibstoff) mit unbeschreiblichem Getöse abhob, wobei die Erde unter den Füssen bebte. Ein anderes Mal beobachtete ich den Start aus wenigen Kilometern Distanz. Dabei beeindruckte die Beschleunigung bis zur Spitzengeschwindigkeit von 39'000 Km. Und weil es Nacht war, erlebten die Zuschauer einen imposanten Feuerzauber.

Die *Hall of Fame* in Cape Canaveral ist einem sakralen Tempel nicht unähnlich. Hier wird die amerikanische Raumfahrt mit ihren Helden, den Astronauten, beweihräuchert, kaum anders als man dies mit Heiligen in Wallfahrtsorten tut. In einem Raum befinden sich zwei Simulatoren, in denen Besucher den Space Shuttle virtuell landen können. Während eines ganzen Nachmittags versuchte ich Dutzende Male das Kunststück der Landung zu vollbringen, es gelang mir kein einziges Mal. Ich stürzte bei ausschliesslich jedem meiner supponierten Anflüge ab. Weil ich sonst bei Geschicklichkeitsspielen und auch beim Steuern von Fahrzeugen üblicherweise viel Gefühl und Fertigkeit, ausserdem Reaktionsvermögen besitze, konnte ich meine Unfähigkeit, die ich bei diesen Landeversuchen mit der Raumfähre an den Tag legte, nicht fassen. Dies war umso frustrierender, weil ich am Gerät nebenan einmal beobachten konnte, wie ein junger Mann die Raumfähre auf Anhieb punktgenau landete, und zwar ohne die geringste Unsicherheit zu zeigen. Im echten Astronautenleben muss der Pilot die Landung mit hundertprozentiger Sicherheit hinkriegen. Weil er ohne Motorschub im Gleitflug einem Segelflieger gleich zu landen hat, gibt es keine Chance einen missglückten Anflug auszubügeln, zum Beispiel mit Durchstarten. Das Hauptproblem liegt darin, dass das Fluggerät explizit für sehr hohe Geschwindigkeiten ausgelegt ist und es deshalb nur stummelartige Flügel mit sehr wenig Auftrieb besitzt. Auch so ist die Reibung mit der Luft beim Eintritt in die Atmosphäre so gewaltig, dass die Aussenhaut, die aus hitzebeständigen Keramikkacheln besteht, auf über tausend Grad Celsius erhitzt wird. Die gegebene Landebahn ist im Grunde massiv zu kurz, man gelangt mit einer viel zu hohen Geschwindigkeit auf die Piste. Ein Abbremsen der Fähre bis zum Stillstand ist schlussendlich nur möglich, indem Bremsfallschirme ausgeworfen werden. Wenn man zu früh aufsetzt, bohrt sich das Fluggerät in den Swamp oder das Wasser. Wenn man zu spät aufsetzt, schiesst man über die Landebahn hinaus, ohne jegliche Chance die Fähre zum Stillstand zu bringen. Desgleichen, wenn man zu langsam oder zu schnell ist. Und wenn man das Gerät nicht ohne jeglichen Schlenker zur Piste führen kann, ist man verloren. Denn eine Korrektur ist ausgeschlossen, das Raumschiff gerät schon bei einer minimalen Nachjustierung der Richtung sofort ausser Kontrolle. Das Flugverhalten ist so radikal, dass man in diesem Fall die milliardenteure Raumfähre ins Niemandsland neben der Piste setzen würde, ohne Möglichkeit einer Rettung!

Nun denn, lasst uns einige Gedanken verschwenden, was aus Hitlers einstiger V-Waffe (Vergeltung!) schliesslich wurde. Auch wenn die Raumfahrt stets mit dem Aufhänger *Forschung* etikettiert wurde, war das eigentliche Konzept in Wahrheit eine militärstrategische Ausrichtung mit dem Ziel, in eine dominante Überlegenheit gegenüber jeglichem Feind zu gelangen. Jede Rakete wurde so konzipiert, dass man sie im Ernstfall mit einem nuklearen Sprengkopf hätte versehen können. Nur so waren die riesigen Summen gerechtfertigt, welche die Raumfahrt in den Vereinigten Staaten verschlang. Nur deshalb wurden die entsprechenden notwendigen finanziellen Mittel vom Kongress überhaupt bewilligt. Und der Kontrahent UdSSR war verdammt – nicht anders als beim Schachspiel - jeden Zug mitzuspielen bis zum bitteren Ende, nämlich dem Bankrott des kommunistischen Systems. Das militärische Patt war die Basis des Kalten Krieges und dieses ersparte uns in Wahrheit einen Dritten Weltkrieg, welcher allerdings einige Male auf des Messers Schneide stand. Diese gefährliche Situation wurde damals in der Öffentlichkeit kaum oder höchstens teilweise registriert. Doch heute weiss man sehr genau, dass es so war.

Doch letztlich fiel bei diesem doch sehr erschreckenden Pokerszenario immerhin auch noch ein nützliches „Nebenprodukt" für die Weltgemeinschaft ab, nämlich: Die immer höher entwickelte Raketentechnik erlaubte es der Kommunikationsindustrie in der Folge Satelliten in beeindruckender Zahl zielgenau ins Weltall zu befördern. Dank dieser Errungenschaft gelangte die weltweite Kommunikationstechnik im Gleichschritt mit der Digitalisierung zu einem gewaltig verbesserten Standard, der für jedermann von Nutzen war und noch immer ist. Telefonie, Internet und Television - jegliche drahtlose Übermittlungstechnik – ist auf den Einsatz dieser Satelliten im Orbit zwingend angewiesen. Und es werden immer noch mehr – der Bedarf ist riesig. Überwachungssysteme jeglicher Art bedienen sich dieser Technik, beispielsweise die militärische Beobachtung von feindlichen und eigenen Gebieten, aber auch die unzähligen kommerziell genützten Aktivitäten in der Leitung des Flugverkehrs, des Schiffsverkehrs, des Strassenverkehrs und weiterem. Die Digitalisierung darf als eigentliche neue Revolution im Industrialen Zeitalter bezeichnet werden, ähnlich epochal wie die seinerzeitige Erfindung der Elektrizität oder noch davor (vor langer Zeit) das Rad. Die Digitalisierung ist daran alles zu verändern, das Leben eines jeden Einzelnen mitzubestimmen, wenn nicht gar zu beherrschen. Diese Entwicklung verleiht der menschnlichen Gesellschaft einen dramatischen Schub. Ob dieser für jedermann einer in die richtige Richtung ist, wird sich weisen. Niemals hätte sich Hitler und seine Entourage eine Entwicklung dieser Art vorstellen können. Die Denkweise der Nationalsozialisten war eine andere in einer völlig anderen Zeit. Ihnen ging es nicht um Errungenschaften zum Vorteil der Gesellschaft, sondern einzig um ein Mittel zum Zweck, nämlich der Erringung des Endsieges in der kriegerischen Auseinandersetzung, welche die Nazis angezettelt hatten.

Rückblickend darf man sagen, dass es Glück oder vielleicht noch eher Fügung war, dass diese technischen Umwälzungen erst in den Jahren nach dem Krieg Fahrt aufnahmen und nicht noch während des Krieges erfolgten. Die Katastrophe wäre sonst noch viel verheerender ausgefallen. Schon meine Grossmutter sagte einst: Es gibt nichts Schlechtes, aus dem nicht irgendwann mal auch etwas Gutes abfallen kann!

10. Etwas Wirtschaftskunde

In einem Interview im Schweizer Radio äusserte sich dieser Tage ein Vertreter von *Economiesuisse* dahin, dass es zweckmässiger wäre, in der Schweiz keine landwirtschaftlichen Erzeugnisse mehr zu produzieren. Denn es würde wesentlich preisgünstiger sein die aktuellen Bauern zu Landschaftsgärtnern umzufunktionieren und sie aus der Bundeskasse beziehungsweise den Kantonskassen für die Landschaftspflege zu entlohnen. Dabei könnte man alle landwirtschaftlichen Produkte protektions- und zollfrei viel billiger importieren. In vielen Ländern der Erde würden genügend exportorientierte Landwirtschaftsbetriebe existieren, die Gemüse, Salate, Früchte, Getreide, Fleisch und alle anderen Agrarprodukte rationeller produzieren als unsere Bauern auf ihren Höfen mit oft kleinen Anbauflächen dies tun können. Weil dadurch die Preise dramatisch fallen würden, alle Nahrungsmittel preisgünstiger wären, hätte dies einen wahren und weiten Nutzen für die breite Bevölkerung.

Als ich diesen Kommentar hörte, dachte ich im ersten Moment, dass er nicht mit ernsthaftem Hintergrund in die Öffentlichkeit getragen worden war. Ich vermutete dahinter die Aussage eines Satirikers, vielleicht auch den Gedankengang eines Zynikers. Aber dem war nicht so, die Stellungnahme war todernst gemeint. Wer ist Economiesuisse? Es ist der Dachverband der Schweizer Wirtschaft, dem über

100'000 Unternehmen angehören mit über 2 Millionen Beschäftigten. Economiesuisse ist ein Verband mit Relevanz.

Der Hintergrund dieser sonderbaren Idee – der Abschaffung der landeseigenen Landwirtschaft in der Schweiz - ist der Umstand, dass die Verhandlungsbasis unserer Regierung betreffend Zollfrei-Abkommen mit anderen Staaten schwierig ist. Aktuell ist die Schweiz gezwungen darauf zu bestehen, dass Agrarprodukte bei solchen Abkommen ausgeklammert werden, weil die hiesige Landwirtschaft geschützt werden muss. Bei genügender Eigenproduktion spricht die Schweizer Regierung ein generelles Importverbot aus. Bei landwirtschaftlichen Produkten, welche von einheimischen Produzenten nicht vollständig abgedeckt werden, erhebt die Schweiz einen Schutzzoll, der bewirkt, dass importierte Produkte zu ähnlichen Preisen im Laden verkauft werden wie lokal produzierte Produkte. Damit sollen Schweizer Produkte weniger konkurrenziert werden. Wegen unserem hohen Lebenskostenniveau mit den entsprechenden Löhnen und ausserdem einer verfälschten Kursparität unseres Schweizer Frankens gegenüber ausländischen Währungen, können Schweizer Produkte in jedem Fall nur zu höheren Gestehungskosten produziert werden als im Ausland. Damit endet aber die Protektion der einheimischen Agrarwirtschaft noch nicht, sondern setzt sich fort mit Beitragszahlungen an die Landwirte aus der Bundeskasse. Landwirtschafsbetriebe in der Schweiz beziehen im Durchschnitt jährlich zirka 400.000 Franken Subventionen.

Massiv Leidtragende dieser Situation sind alle anderen Branchen, die Produkte für den Export herstellen, die innovativ, beziehungsweise technisch einen Vorsprung haben, sodass ausländische Käufer bereit sind unsere hohen Preise zu akzeptieren. Sobald aber ausländische Staaten mit Gegenmassnahmen aufwarten und Schweizer Produkte mit Import- oder gar Strafzöllen belegen, geht unserer Exportindustrie sehr schnell die Luft aus. Denn andere Branchen als die Landwirtschaft werden vom Schweizer Staat grundsätzlich nicht unterstützt.

Bemerkenswert ist, dass trotz dieser unvorteilhaften Ausgangslage die Schweiz seit Jahren einen nicht unbedeutenden Exportüberschuss erwirtschaftet, zum Beispiel im vergangenen Jahr (2019) 37 Milliarden Schweizerfranken. Das heisst, wir exportieren bedeutend mehr als wir importieren. Da sich die Produktion von Massengegenständen infolge der sehr hohen Löhne in unserem Land nur in Ausnahmefällen rechnet, betreiben alle bedeutenden Schweizer Produzenten Niederlassungen im Ausland. In diesem Fall werden nur die Entwicklungen in der Schweiz bewerkstelligt und die eigentliche Produktion ausgelagert. Eine Produktion in der Schweiz lohnt sich bei anspruchsvollen, hochpreisigen Produkten wie Pharmazeutika und Chemikalien, Uhren, Spezialmaschinen wie Verpackungsmaschinen, Medizinal- und Messtechnik, optischen Geräten, Elektrotechnik, Kosmetika, Spezial-Kunststoffartikeln, Metallbauteilen für die Auto- und Flugzeugindustrie. Als ein Paradebeispiel für Innovation kann der Eisenbahnhersteller Stadler Rail betrachtet werden. Diese Firma besteht erst seit einigen Jahrzehnten, hat sich aber inzwischen von einem Kleinbetrieb zu einem internationalen Marktführer emporschwingen können. Stadler Rail war der erste Produzent, der Eisenbahnzüge nicht mehr in der Grundkonstruktion aus Eisen herstellte, sondern in Leichtbauweise aus Aluminium und rostfreiem Stahl. Die Firma zeigt eindrucksvoll, dass die Schweiz auch bei arbeitsintensiven Produkten wie Eisenbahnzügen durchaus konkurrenzfähig sein kann, wenn man mit technischem Vorsprung Konzepte vorlegen kann, die Vorteile gegenüber der Konkurrenz bieten. Inzwischen betreibt die Firma mehrere Zweigwerke im Ausland, wo die Schweizer Entwicklungen lokal umgesetzt werden. Daneben ist die Schweiz eine Drehscheibe für internationalen Handel, in der Finanzwirtschaft und im Versicherungswesen, wie auch im Rohmaterialhandel, inklusive Handel mit wertvollen Produkten wie Edelmetallen.

Zurück zur Grundsatzfrage: Soll die Landwirtschaft in der Schweiz unter diesen Umständen weiterhin in gleicher Weise wie bisher produzieren oder sollen wir im Gegenteil politisch einen Paradigmenwechsel entsprechend der Denkweise von Economiesuisse vollziehen? Auch wenn rein rechnerisch die Mehrheit der Schweizer Bevölkerung bei einem solchen Wechsel profitieren würde, weil sich das Leben etwas kostengünstiger bewerkstelligen liesse, wäre dennoch kaum damit zu rechnen, dass unsere Bürger diesen Vorschlag goutieren würden. Das wichtigste Argument ist – und dieses korrespondiert mit der offiziellen Meinung der Regierung, dass damit unsere nationale Versorgungssicherheit nicht mehr gewährleistet wäre. Denn in Krisenzeiten schaut jedes Land für sich und stoppt gegebenenfalls Exporte, wenn die eigene Bevölkerung darunter leiden würde. In der Tat kann man sogar auf eine negative Erfahrung zurückgreifen: Vor dem Ersten Weltkrieg verfolgte jene Schweizer Regierung genau diese Politik und scheiterte damit bei Ausbruch des Krieges kläglich. Die Folge damals war eine moderate oder sogar akute Knappheit an Lebensmitteln mit einer Unterversorgung der Bevölkerung.

Es gibt aber noch weitere wichtige Argumente die Agrar-politik im bisherigen Rahmen weiterzuführen. Die traditionelle Landwirtschaft, insbesondere im Berggebiet, hat eine vielfältige Tradition, dass man beinahe geneigt ist, sie zumindest teilweise auch noch als eine Art Folklore zu betrachten. Dabei ist Folklore ein Teil unserer Identität, die unsere Touristiker versuchen teuer unseren ausländischen Feriengästen zu verkaufen. So denkt unsere Landwirtschaft allerdings nicht. Unsere Agrarwirtschaft ist stolz auf die von ihr produzierten Produkte, beispielsweise auf die Vielfalt von all jenem, was auf unserer Milch basiert wie Käse, Joghurt, Schokolade und viel anderes mehr. Ein grosser Teil dessen wäre ohne Alpwirtschaft und Sennentum undenkbar.

Im Übrigen hätten wir im Fall einer Auslagerung der Landwirtschaft ins Ausland nur noch einen kleinen Einfluss auf die Produktionsmethoden. Wir legen bekanntlich Wert auf gesunde Lebensmittel wie Bioprodukte, auf Produkte ohne Genmanipulation, auf naturschonende Anbaumethoden zum Beispiel ohne Pestizide, auf tiergerechte Haltung und Schlachtung von Nutztieren. Man könnte nie sicher sein, dass die Produktion aller dieser importierten Agrarprodukte tatsächlich auch unseren ethischen Vorgaben und nationalen Gesetzen entsprechen würden.

Economiesuisse argumentiert, dass alle diese Vorgaben mit entsprechenden Verträgen abgesichert werden könnten. Im Falle einer Verknappung von einzelnen Produkten bei einer aussergewöhnlichen Notsituation gebe es in der heutigen Zeit jegliche Optionen von Alternativen, zum Beispiel statt Schweinefleisch eben Rindfleisch oder Geflügel, statt Kartoffeln eben Soja, statt Weizen eben Roggen und Dinkel, statt Äpfel und Birnen eben Bananen und Orangen. Eine

Hungersnot wäre auf keinen Fall in unserem Land zu erwarten, höchstens eine vorübergehende Einschränkung der Diversität.

Ich denke, wir sind uns trotz einleuchtender Argumentation von Economiesuisse einig, dass in diesem Fall rein ökonomische Überlegungen nicht zielführend sind und wir einer generellen Aussetzung der Landwirtschaft in unserem Land niemals zustimmen könnten. Denn ein politischer Streich dieser Art würde eine Verarmung unseres Landes bedeuten, weil wir einen Teil unserer Natur und somit unserer Kultur und Identität verlieren würden. Wirtschaftliches Kalkül belebt die Politik in jedem Fall. Glücklicherweise gibt es in unserem Land viele Stimmen, die in erster Linie vernünftige, ausgewogene Entscheide anstreben. Es sind Entscheide mit denen schlussendlich alle leben können, wie sich das in einer funktionierenden Demokratie gehört.

11. Namen

Mein Vater war ein sehr konservativer Mensch, der traditionelle Werte hochhielt – zumindest in der Zeit, als seine
Frau, meine Mutter, noch lebte. In der Zeit danach wurde er
toleranter, vor allem gegenüber sich selbst. In seinen letzten
Lebensjahren wurde er sogar noch altersmild. Die Tugend
der Milde vermisste ich bei ihm vor allem während der Jugendzeit meines Bruder Werner und mir.

Angesichts dieser Charaktereigenschaft ist es nicht verwunderlich, dass der Vater mir, seinem erstgeborenen Sohn,
den gleichen Namen gab, auf den auch er getauft war: Hermann. Damit folgte er einer Familientradition, wonach Kindern innerhalb der Sippschaft die gleichen Namen aufge-
halst wurden, die schon die Eltern, Grosseltern, Paten oder
Onkel trugen. Der Pate meines Vaters hiess auch Hermann,
der Pate meines Bruders Werner hatte auch den gleichen
Namen im Taufbüchlein: Werner. Der Sohn dieses Paten
hiess ebenfalls Werner. Die Folge war eine Massierung gleicher Namen in unterschiedlichen Generationen, teilweise
sogar in der gleichen Generation mit dem hochgradigen Risiko von Verwechslungen. Mal abgesehen davon, dass man
sich unter diesen Umständen beim besten Willen nicht als
einzigartiges Unikat betrachten konnte, empfand ich diese
Tradition stets als überholt, als unzeitgemäss, mit einem
Wort als blöd. Mein Vater und ich behalfen sich Senior beziehungsweise Junior zu nennen, womit eine Verwechslung
zumindest rudimentär abgewendet werden konnte. Der

Name meiner Mutter war Magdalena, ihre Tochter – meine Schwester – wurde Magdalen getauft. Der marginale Unterschied beruhte allerdings nicht auf dem Umstand, dass unsere Eltern plötzlich doch noch etwas Fantasie bei der Namensgebung entwickelt hatten, sondern der Grund lag anderswo: Unsere Mutter hasste es Lena gerufen zu werden. Mit dem Weglassen des letzten Buchstabens war sie überzeugt, dass man der Tochter diese Schindluderei nicht auch antun konnte.

Als 1968 unser erstes Kind geboren wurde, war dies ein Bub. Mein Vater flüsterte – kaum hatte das Kind das Licht der Welt erblickt - mit schicksalsschwerem Ton in der Stimme: „Ihr wisst denn schon, was punkto Namen erwartet wird…!" Für mich wie auch für meine Frau war es unter den gegebenen Umständen keine Option noch einen Hermann in der Familie zu benötigen. Mal abgesehen davon, dass wir gewillt waren die überholte Tradition zu brechen, empfand ich den Namen Hermann als wenig attraktiv. Er klang für mich stets reichlich altbacken, so etwas wie ein Rückfall ins Mittelalter. Etwas Spritzigeres wäre mir lieber gewesen, zum Beispiel Henri oder Harry, sowas in diese Richtung (für den Fall, dass der Anfangsbuchstabe unbedingt ein H hätte sein müssen). Hätte, wäre…Es ist völlig abwegig zu meinen, dass meine Eltern einst auch nur den Ansatz eines Gedankens verschwendet hatten, mich mit einem Namen anderer, zum Beispiel moderner Art zu versehen… Zurück zu unserem Sohn: Um eine interne Familienpalastrevolution abzuwenden, liessen wir bei unserem Sohn Kornelius als zweiten Namen Hermann ins Taufbüchlein eintragen. Dies mit dem Vorsatz den zweiten Namen ab sofort auch gleich wieder zu vergessen. Damit blieb immerhin die Kirche im Dorf. Unser

Sohn bezeichnet sich nun in Fällen, wo es ihm als sachdienlich erscheint, etwas aufgeplustert Kornelius H., dies einer sich fortschrittlich gebenden Strömung in gewissen Kreisen folgend.

Der Trend der Namensgebung in der heutigen Zeit ist gegenüber der Epoche meiner Eltern hundert Prozent unterschiedlich und auch gegenüber unserer Generation wesentlich anders. Als wir Eltern waren, bevorzugten diese Namen für ihre Kinder, die für jedermann lieblich und nett klangen. Die Folge war, dass sich in jeder Klasse mehrere Mädchen fanden, die zum Beispiel Karin, Monika, Gaby und Cornelia hiessen. Die bevorzugten Namen der Buben waren Christoph, Daniel, Thomas oder Andreas. Mit typischen Schweizernamen wie Ladina, Selina, Florin, Beat, Urs oder Reto entsprach man ebenfalls dem allgemeinen nationalen Geschmack, wenn auch eine Spur exklusiver. Auf betont deutsche Namen wie Rüdiger, Carsten, Detlev, Ottokar, Lutger oder Wiebke verzichtete man hier in der Schweiz besser. Weil man dann nicht mehr als Schweizer wahrgenommen worden wäre. Bei Namen wie David, Salomon, Samuel oder Benjamin konnte und kann man andererseits überhaupt nicht sicher sein, dass den Eltern einst bei der Namensgebung eine religiöse Ader geplatzt war – alttestamentarische Namen haben und hatten seit je von Grund auf einen Wohlklang. Genauso wie Namen antiker Berühmtheiten: Alexander, Konstantin, Augustin. Die eher schockierende Ära der Kevins, Brians und Elvis kam später und währte glücklicherweise nicht sehr lange. Nach einem kurzen Zwischensprint mit ausgesprochen kurzen Namen – vornehmlich aus drei Buchstaben bestehend, etwa Eva, Mia, Ida oder

Lea bei weiblichen und Ben, Tom, Leo und Tim bei männlichen Kindern, sind junge Eltern heute anscheinend oft überzeugt, dass es umwerfend lässig ist, wenn ihr Nachwuchs einen möglichst exotischen Namen trägt: Alexis, Aileen, Abbigail, Ashley, Ashton oder Auston. Weshalb sollte es unserem Kind verwehrt sein wie ein Moviestar zu heissen!? Wie man weiss, verwenden jene Kreise ja meistens auch nur Fantasienamen – Künstlernamen eben! Andererseits tönt Jolka Bitterli oder Adonis Nötzli wie die Faust aufs Aug. Wie auch immer, Eltern sollten sich in jedem Fall vergegenwärtigen, dass jener Name, den sie für ihr Kind aussuchen, dieses ein Leben lang eng begleiten wird. Und jedes Kind sollte sich mit seinem Namen wohlfühlen und sich mit ihm identifizieren können. Wer es als Vater und Mutter ganz perfekt machen möchte, schaut auch darauf, dass Vorname und Nachname phonetisch zusammenpassen, die Silben einen Gleichklang erzeugen. Perfekt kombinierte Namen gehen wie eine schöne Melodie ins Gehör und bleiben dort haften.

Jene Kinder, die während der Zeit des Zweiten Weltkriegs geboren wurden und ihr Name Adolf lautete, hatten es in der Zeit danach nicht mehr in jedem Fall ganz einfach, dabei konnten sie rein gar nichts dafür. Im Übrigen sind Eltern, die ihren Sohn Roger taufen, wohl auf dem Holzweg, wenn sie glauben, dass die Spur damit geebnet sei für eine glänzende Sportlerkarriere. Und nur weil der Junge Aristoteles heisst, hat er noch lange keinen besseren Intelligenz-Quotient als der Albert in der gleichen Schulbank.

12. Meeting der Outsider

Die Mittelmeerinsel Zypern ist für uns Mitteleuropäer vornehmlich als Feriendestination beliebt. Vor allem den Älteren unter uns dürfte auch die verzwickte politische Situation bekannt sein. Seit dem Putsch 1974 gegen den damaligen Präsidenten Bischof Makarios und der nachfolgenden Türkischen Invasion ist das Land zweigeteilt, nämlich in den griechisch geprägten Südteil mit der Bezeichnung *Republik Zypern* und seit 1983 in den nicht offiziellen türkischen Teil *Türkische Republik Nord Zypern*. Die Republik Zypern ist EU-Land. Die freizügige Auslegung des Finanzsystems hat dem Land Investoren beschert, auf die man andernorts eher lieber verzichtet – es sind vor allem osteuropäische Tycoone und Oligarchen. Diese Klientel bescherte die Banken nicht nur mit Kapital, sondern auch mit Ärger. Anlässlich der Finanzkrise taumelte das Land am Abgrund, insbesondere auch wegen der engen Verflechtung zum wirtschaftlich darnieder liegenden Griechenland.

Wer auf Zypern Ferien macht, geniesst das blaue Meer allerdings mehrheitlich ohne von den vorhin aufgeführten Gedanken übertrieben stark geleitet zu werden. Dennoch kann es sein, dass ein Feriengast mit der politischen Realität konfrontiert wird, dann nämlich, wenn er die Wohlfühloase seines Hotels verlässt und innerhalb des Landes reist. Zypern zu bereisen ist sehr empfehlenswert, denn es gibt unzählige Naturschönheiten und Sehenswürdigkeiten, insbesondere die antiken Stätten, die es lohnt zu besichtigen. Wenn der Tourist mit seinem Mietauto unterwegs ist und ein Grenzzaun die Weiterreise verwehrt, realisiert er, dass die Insel politisch zweigeteilt ist. Insbesondere administrative Hindernisse verunmöglichen ein Passieren der Grenze weitgehend: Befindet man sich an einer offiziellen Zollstelle, wird einem mitgeteilt, dass die Versicherung des Autos für die andere Seite nicht gültig sei. Natürlich fahren nur Hasardeure mit einer Hypotheke dieser Art im Handschuhfach über die Grenze weiter…

Wer Ferien in Zypern bucht, meint in der Regel Südzypern, also die Republik Zypern. Unsere Ferien in diesem Inselteil waren stets befriedigend. Dennoch reizte es uns auch einmal die Nordseite der Insel kennen zu lernen. Uns wurde wiederholt berichtet, dass die türkische Seite noch ursprünglicher, noch natürlicher sei und dies wollten wir selbst erleben. Bei unserer Vorbereitung der Reise nach Nord-Zypern stellten wir allerdings fest, dass sich dort auf der touristischen Landkarte sozusagen die Rückseite des Mondes befindet. Die Anreise ist eher kompliziert, denn Direktflüge gibt es nicht. Weil Nord-Zypern als Staat von der Weltgemeinschaft nicht anerkannt wird, muss jede Reise über einen Türkischen Flughafen erfolgen (Istanbul, Izmir oder Antalya).

Als wir im Airport von Istanbul umstiegen, war uns nicht klar, ob der Folgeflug nach Nordzypern nun als landesintern gelten würde oder als Transit in ein anderes Land - dies zu wissen ist relevant wegen der Passkontrolle. Hallo Freunde, was für eine Frage, wurden wir von den Türken belehrt. Nordzypern sei Ausland, ein eigenständiges Land, habe mit der Türkei rein gar nichts zu tun, wurde betont. Es ist also zu ignorieren, dass dort zirka 40'000 Türkische Soldaten stationiert sind und dass die Landeswährung die Türkische Lira ist.

Einmal in unserer Feriendestination angekommen, wurden wir dann in mehrfacher Weise positiv überrascht: Uns erwartete eine ausgezeichnete Infrastruktur mit einem properen Strassennetz, was für Selbstfahrer eines Mietautos nicht unwichtig ist. Die Wanderwege in prachtvoller Natur sind mehrheitlich gut markiert, fast wie bei uns in der Schweiz. Was die Markierungen anbelangt, fanden wir diese eher besser als im südlichen Teil Zyperns. Der Verkehr ist unaufgeregt (Hupen scheint verpönt), die Verkehrsteilnehmer sind gesittet, nicht zuletzt auch wegen der vielen Radarkästen, die nie versteckt sind, sondern sogar voravisiert werden. Etwas Mühe bereitete uns zu Beginn die Beschilderung im Zusammenhang mit den Strassenkarten, die uns zur Verfügung standen. Auf diesen Karten waren die Ortsnamen in Griechisch aufgeführt. In der Praxis tragen die Strassen- und Ortsschilder jedoch völlig andere Namen, nämlich türkische. Nikosia heisst dann Levkosa, Famagusta heisst Gazimagusa und Kyrenia heisst Girne.

Auffallend waren die unzähligen neuen oft mit viel Liebe erbauten Häuser und Siedlungen. Die Mehrzahl der Menschen spricht Englisch, genau gleich wie im südlichen Teil Zyperns. Bestimmt liegt dies auch am ausgezeichneten Schulsystems - in diesem kleinen Land gibt es 5 Universitäten! Die Briten sind noch immer und waren hier schon stets präsent. Es gibt viele Gesellschaftsaussteiger und Rentner, welche den Lebensabend in Wärme bevorzugen. Weniger erfreulich ist, dass die einstmals Christlichen Kirchen zu Moscheen oder Museen umfunktioniert wurden, soweit sie nicht geschändet wurde und heute als Schafställe dienen oder respektlos dem Verfall preisgegeben sind. Aber ähnliches geschieht ja in der Republik mit einstigen Moscheen traurigerweise ebenfalls. Sehr zufrieden waren wir mit unserem Hotel: Die mehrheitlich in die Orientalische Richtung gekochten Speisen schmeckten uns vorzüglich. Die Hotelinfrastruktur mit den enorm vielen Bediensteten war von gutem Niveau. Das angegliederte Casino wurde mehrheitlich von Einheimischen frequentiert, kaum von Touristen.

Was erwartet nun ein Tourist in Nordzypern? Süffisant gesprochen ist es ähnlich einer Reise durch die Türkei. Einen Unterschied gibt es allerdings: Die Autos hier sind Rechtslenker und der Verkehr läuft linksrum (wie in der Republik Zypern), die Autoschilder sind in der Art nahezu identisch mit jenen in England. Die einheimischen Menschen begegnen den Touristen freundlich, doch auch mit einer gewissen Zurückhaltung. Es ist eine Art, wie ich dies schon oft in Ländern in einer Outsider-Position erlebt habe. Es sind Landstriche abseits der touristischen Hauptschlagadern. Mit einigem Erstaunen stellten wir fest, dass wir einerseits während den ganzen Ferien nie je ein Wort Schweizerdeutsch hörten - ein wirklich seltenes Phänomen. Andererseits trafen wir grosse Scharen von Gästen aus dem Iran an – in der Regel ganze Familienclans mit bis zu drei Generationen. Auch in unserem Hotel stammte ein grosser Teil der anwesenden Touristen aus Persien. Dabei war es spannend zu erleben, wie sich ein Teil der Damen nicht anders als in ihrer Heimat mit einem knöchellangen Mantel und Kopftuch verhüllte – selbst im Speisesaal oder am Strand. Der andere Teil aber fand sichtlich Gefallen, ja Genuss vom Kleiderzwang befreit zu sein, freute sich gänzlich ungezwungen und frei geben zu dürfen, ohne durch die Behindungen von Sittenwächtern frei atmen zu können. Mit jedem Tag gelangte etwas mehr Haut an die Sonne.

Der unbedarfte Zentraleuropäische Zeitgenosse stellt sich in einer solchen Situation als erstes die Frage: Weshalb diese grosse Zahl Iraner? Und natürlich fanden wir es ziemlich aufregend herauszufinden, wie diese Leute ticken. Denn Menschen aus diesem Land trifft man nicht täglich. Und in unserem Hirn ist fest eingebrannt: Iran - ein isoliertes Land mit unterdrückten Bürgern! Ein rigoroser Geheimdienst, der keine Spässe versteht! Wir fragten uns, ob es überhaupt möglich sei zu diesen Leuten Kontakt zu bekommen. Aber dann waren wir wirklich baff, wie offen und natürlich die Mehrheit der Iraner auftrat. Meistens waren sie es, die das Gespräch mit uns suchten, die uns ansprachen - in der Regel in gutem Englisch. Wann immer sich die Gelegenheit bot, wurde das persönliche Gespräch angeschoben. „Hallo. Wir sind Iraner, woher kommt Ihr? Schweizer? Eigenartig! Was ist der Grund, dass Ihr Euren Urlaub hier auf der türkischen Seite verbringt?" Verkehrte Welt: Die Perser betrachteten uns Schweizer als Exoten! Wir wurden mit einer Tatsache konfrontiert, die für uns zuvor nie je ein Gedanke wert war: Touristen aus dem Iran haben nur eine limitierte Auswahl, die für sie als Feriendestination in Frage kommt. «In die Türkei und in den türkischen Teil Zyperns reisen wir ohne Visum! Das ist doch grossartig!» Und diese Perser waren selbstbewusst. Da existierte weder Scheu noch Angst, beim Westler einen unangenehmen Reflex auszulösen beim Wort *Iran* - als das Land mit der absoluten Überwachung, das Land mit den Ayatollahs, welche die Menschen unterdrücken, das Land, das anscheinend mit der Atombombe kokettiert. Viele Gespräche führten schnell und zielgenau zu den wirklich interessanten, aber eben auch brisanten Themen. Wir staunten wie unbefangen und offen die Menschen sprachen, Männer wie Frauen, Junge wie Alte. Wir registrierten, wie gebildet, wie weltoffen sie sich gaben, wie gut sie informiert waren, auch über die Geschehnisse im Westen.

Und was war der Hintergrund der vielen Ferienreisenden aus dem Iran? Antwort: „Wir feiern das Persische Neujahr. Der 20. März ist der letzte Tag des Jahres, der 21. März der erste des neuen Jahres, genannt *Nouruz*. In dieser Zeit machen die Iraner Ferien, eine Woche, zwei Wochen. Die Familien treffen sich. Wer es sich leisten kann, fährt gemeinsam in Ferien, auch gerne ins Ausland. Nouruz ist eine mehr als 3000 Jahre alte Tradition, die sich noch immer gut halten kann und selbst in den angrenzenden Regionen, also ausserhalb von Persien, von über 300 Millionen Menschen gefeiert wird: In der Schwarzmeerregion, in den Gegenden um das Kaspische Meer, im Kaukasus, in Zentralasien!" - Hand aufs Herz: Wer von uns hat schon je mal davon gehört, dass es ein Persisches Neujahr mit Namen Nouruz gibt? Eine junge Perserin outete sich als Biologie-Studentin an der Uni in Zürich. Sie grinste mir ins Gesicht: „Ja, vor tausenden Jahren – lange bevor Christus geboren wurde – war unsere Kultur die weltweit führende!" Um sogleich mit einem effektvollen orientalischen Augenaufschlag anzufügen: „Welch ein Unterschied zu heute, wo wir leider das Schlusslicht aller Werteskalen bilden! Dabei wären wir reich. Wir haben Bodenschätze, wir haben Rohöl, wir haben intelligente Köpfe, wir sind gebildet und innovativ. Nur leider weiss in unserem Land niemand, wohin dieser Reichtum fliesst! Stattdessen werden wir von alten Männern drangsaliert, müssen uns viel Ungehöriges gefallen lassen, wie vielleicht sonst niemand in der Welt! Diese Unterdrückung ist himmelschreiend, ist zum Verzweifeln! Und wir verarmen immer mehr!» Mein erster Gedanke war: Mädchen, hast du keine Angst, dass der Feind mithört, wenn dieser Feind tatsächlich so gefährlich ist wie du das jetzt gerade beschreibst!? - Aber natürlich hatten wir grossen Respekt vor diesen couragierten Menschen ohne Scheuklappen.

Wir fragten uns: Wie kann es sein, dass diese Nation anscheinend successive der Armut anheimfällt, aber dennoch so viele Grossfamilien in der Lage sind zum Vergnügen ins Ausland zu reisen. Und sich dabei nicht kleinlich geben, sondern gediegen im 4-Sterne-Hotel absteigen. Als hätten sie diese Frage erraten, kam die Antwort: „Nein, wir sind nicht reich, Allah kann das bezeugen! Wir gehören zur Mittelschicht, die nach wie vor recht breit ist. Wir sind Wissenschafter, Lehrer, Professoren, Geschäftsleute, die seit Generationen hart arbeiten, aber immer weniger auf einen grünen Zweig kommen, eigentlich schon lange nur noch von der Substanz leben, die ehemals von unseren Vorfahren aufgebaut wurde. Doch das Ersparte schmilzt immer schneller weg infolge der enormen Inflation. Der weltweite Boykott trocknet uns systematisch aus. Aber schuld sind nicht Ihr Europäer, nicht die Amerikaner, nicht die Ausländer. Schuld trägt allein unsere eigene Führungsriege, die religiösen Führer, die stets von Gott sprechen, aber alle Entscheidungen niemals in Gottes und des Volkes Namen fällen. Es sind Heuchler, die in Wahrheit vom Teufel geritten werden, die alles tun, um ihre Macht zu erhalten. Niemand im Volk steht hinter diesen, die uns mit System ins Verderben führen. Das Einzige, was das Persische Volk will, ist in Frieden leben mit all den Völkern rund herum. Wir möchten in Ruhe gelassen werden. Wir Menschen, das Volk, möchte endlich wieder frei atmen können, ohne Ängsten und ohne Zwängen ausgesetzt zu sein. Wir wünschen, dass demokratische Rechte gelten. Die Menschen sollen frei leben können, sollen frei sprechen können! – Wann wird uns Allah erhören!?»

Wir kamen ins Grübeln. Wir erinnerten uns, dass hundert Kilometer östlich der zypriotischen Insel ein Bürgerkrieg wütete, in dem täglich viele Unschuldige ihr Leben liessen, Tausende ihr Zuhause verloren, weil sich ein Wahnsinniger an seine Macht klammert, dabei Spielball von unterschiedlichen Mächten und Gruppierungen dieser Erde war und immer noch ist. Währenddessen die Welt unbeteiligt wegschaut. Und uns will auch nicht aus dem Kopf, dass es nur wenige Jahrzehnte her sind, dass auch auf der *Insel der Seligen*, wie Zypern genannt wird, ein unseliger Bürgerkrieg tobte, der vielen Menschen Unheil und Tod brachte. Wir erkannten in verschiedenen Gesprächen, dass auch hier die Menschen sich nur eines wünschten, nämlich in Frieden zusammen leben zu dürfen. Doch einigen Unbeugsamen ist es bis jetzt gelungen eine Wiedervereinigung von Süd- und Nordzypern zu verhindern. Der Hintergrund ist die unterschiedliche Religion – was vor dem Bürgerkrieg allerdings bei den Bürgern, den normalen Menschen anscheinend nie ein Problem war, so wurde uns verschiedentlich glaubhaft berichtet. Was wir hörten: „Es ist doch lächerlich sich wegen Gott zu streiten! Wir – beide Seiten - haben doch den identischen Gott! Ist es wichtig welchen Namen wir ihm geben?"

13.   Sri Lanka

Sri Lanka, oder Ceylon, wie sich das Land früher nannte, ist zweifellos eines der attraktivsten Ferienländer der Erde. Aber wie alles im Leben hat selbst das Paradies seine Schattenseiten. In Sri Lanka sind es die Auseinandersetzungen zwischen den beiden ethnisch unterschiedlichen Volksgruppen, den Singalesen und den Tamilen, welche die Nation in Dauerspannung halten. Die Singalesen - mehrheitlich Theravada-Buddhisten (zirka 70 Prozent) – sind die Basisbevölkerung des Landes. Die Tamilen – vornehmlich Hindu (15 Prozent) – immigrierten ab dem 19. Jahrhundert von Südindien kommend auf die Insel nahe Indiens Südspitze. Anlass war der Anbau des weltberühmten Ceylon-Tees im Berggebiet durch die Engländer. Die Menschen aus Südindien eigneten sich besser als Arbeiter in den Teeplantagen als die Einheimischen. Ausserdem gibt es noch Minderheiten im Land: 9 Prozent Moslems (Moors), es sind Nachkommen von Immigranten aus arabischen Ländern und aus Pakistan. Ferner wohnen auch noch 7 Prozent Christen – mehrheitlich Katholiken - in Sri Lanka. Es sind Singalesen, die ab dem 16. Jahrhundert missioniert wurden, wie auch Tamilen. Das Land hat zirka 22 Millionen Einwohner.

2001 besuchten meine Frau und ich Sri Lanka ferienhalber. Ich kannte das Land bislang aufgrund meiner geschäftlichen Tätigkeit nicht. Es war ein weisser Fleck auf meiner persönlichen Landkarte. Wir hatten eine Woche

Rundreise mit Privatlimousine und Reiseführer gebucht, sowie eine Woche Relaxferien in einem attraktiven Hotel im Kolonialstil an der Ozeanwestküste nahe Bentota reserviert.

Wir gönnten uns am Ankunftstag und dem nachfolgenden Sonntag Ruhetage in einem Hotel am Meer, unweit des Flughafens in Colombo. Am Sonntag besuchten wir den katholischen Gottesdienst in einer grossen Kirche ganz in der Nähe des Hotels. Wir waren noch nie je zuvor und auch niemals mehr nachher in einer Kirche, die so prall gefüllt war mit Gläubigen wie hier. Und wir erlebten nie je - weder vorher noch nachher - so tiefandächtige Menschen wie hier. Alle Bänke waren voll besetzt, wie auch alle Gänge. Zwei einheimische Frauen traten unvermittelt aus ihrer Kirchenbank und schubsten meine Frau und mich an ihrer Stelle in die Bank. Das Manöver war uns höchst unangenehm, aber wir waren nicht reaktionsschnell genug uns dagegen zu wehren. Es war unsere erste Begegnung mit dem Phänomen des selbstverständlichen Zurückstehens Einheimischer gegenüber Westlern. Weitere ähnliche Vorgänge folgten. Sie befremdeten uns im Grunde zutiefst. Wir vermuteten ein Relikt aus der Kolonialzeit. Eine der beiden Frauen – die Ältere – kniete unverzüglich auf den harten Steinboden und erhob sich während der ganzen Messe nicht mehr. Nach zweieinhalb Stunden verliessen wir die Kirche etwas vorzeitig, noch vor dem Abschluss-Segen, um die Lunch-Sitzung im Hotel nicht zu verpassen.

Unser Betreuer während der ganzen Reise war Leslie, ein zuvorkommender Mensch in reifem Alter, der alles unternahm, dass es uns gut ging. Als gläubiger Buddhist stoppte er die Fahrt bei jedem Tempel, jeder Pagode für ein kurzes Gebet und eine kleine Gabe. Dabei muss man wissen, dass es in Sri Lanka wirklich viele Tempel gibt! Uns störten diese Zwischenstopps in keiner Weise – im Gegenteil. Wir sagten zu Leslie: „Schliesse uns bitte in Deinem Gebet mit ein!" Wenn wir Mittagsrast hielten – in der Regel in einfachen Raststätten, war uns Leslie bei der Essensbestellung behilflich, danach zog er sich zurück. Ihm war es offensichtlich nicht gestattet unsere Einladung anzunehmen, an unserem Tisch mitzuspeisen. Wenn wir am Abend jeweils unser Etappenhotel erreicht hatten – ausschliesslich geschmackvolle Luxusbauten, zog sich Leslie in das spezielle Refugium zurück, das allen Fahrern der Limousinen zur Verfügung steht. Ganz zu Beginn unserer Reise erkundigte ich mich in Sorge, ob er – Leslie – standesgemäss untergebracht sei. Seine Antwort war ein knappes Nicken. Meine entsprechende Frage war offensichtlich unbotmässig und es schien als würde unser Fahrer punktgenau dem Maulkorb folgen, den man ihm offensichtlich von höherer Stelle verpasst hatte.

Ich verzichte im Detail auf die Höhepunkte der interessanten Rundreise einzugehen. Es waren die üblichen, die bekannten: Besuch des Tempels in Kandy, wo ein Zahn von Buddha aufbewahrt wird. Die schweisstreibende Besteigung des Monolithen von Sigiriya, auf dem einst ein König residierte. Die Elefanten-Aufzuchtstation Pinnawela. Die Teeplantage von Nuvara Eliya. Die grosse Tempelanlage von Dhambulla. Die Edelsteinmienen, in denen vor allem nach Monsteinen gesucht wird. Der Schiffsausflug zu den Korallenbänken in der Nähe von Gale. Weil dort alle Korallen abgestorben sind, fragten wir Leslie, weshalb er diesen Ausflug organisier habe, dies mache ja wirklich keinen Sinn! Seine Antwort: „Weil der Mann mit dem Boot eine Familie hat, die auch leben muss! Wenn niemand mehr einen Bootsausflug bucht, verhungern sie!"

Mindestens so bemerkenswerter fanden wir Ereignisse, die ausserhalb von Leslies Standardprogramm stattfanden:

Für eine der Übernachtungen auf dem Weg wurde das *Deer Park Hotel* gewählt, welches mitten in einem Urwald angelegt ist. Dieses verfügt über achtzig grosszügige Bungalows, alle aus edlem Mahagonyholz gezimmert, die weit verstreut in der Natur liegen. Hinter dem normalen Toilettenraum mit Dusche existiert noch zusätzlich eine Skyshower. Es ist ein Räumchen ohne Dach und ist naturgemäss nur bei Regen in Funktion. Da sich dieses Hotel genau auf der Position der Wetterscheide der Insel befindet, bekommt es viel Nass von oben ab, nämlich während des Monsuns, wenn die Wolken von Osten her ins Land rein drücken, aber eben auch nach der Monsunzeit, wenn sich die Wolken von Westen her positionieren. Weil wir zur Nachtzeit eingelangt waren, hatten wir wenig Übersicht über die Struktur der Anlage. Just nach dem Abendessen, als wir uns in unsere kleine Villa zurückgezogen hatten, entlud sich ein Gewitter mit imponierender Intensität, wie sie eben nur in den Tropen stattfinden. Wir entledigten uns rasch unserer Kleider und positionierten uns in der Skyshower-Kabine, wo die Regentropfen auf uns niederprasselten – einfach wunderbar! Weil in den Villen keine Scheiben vorhanden sind, nur Insektengitter – was in den Tropen soweit nicht unüblich ist, war das Rauschen des vom Himmel fallenden Wassers von ungeheurer Intensität. Blitze zischten und schlugen immer wieder begleitet von krachenden Donnerschlägen in unserer unmittelbaren Nähe ein.

Plötzlich war der elektrische Strom weg. Meine Frau zündete eine Kerze an und wir schlüpften ins Bett, fanden die Situation sowohl abenteuerlich wie auch romantisch. Wenige Minuten später leuchtete unvermittelt ein Lichtstrahl von aussen in unser Zimmer. Eine Stimme aus der Finsternis sprach: „Ich bin der Hoteldirektor, keine Angst! Ein Blitzeinschlag hat einen Defekt verursacht. Wir sind daran den Schaden zu reparieren! Darf ich Ihnen mit einer Taschenlampe aushelfen?" Unsere Antwort lautete: „Danke, nicht nötig!" Die korrekte Antwort wäre gewesen: Licht würde aktuell unser Befinden nur beeinträchtigen! Am Morgen, als wir aufwachten, funktionierte der elektrische Strom wieder und die Natur war wie frisch gewaschen. Nun erkannten wir, in welch wunderbarer Umgebung wir uns befanden.

An einem der nachfolgenden Tage fragte uns Leslie: „Habt Ihr Interesse an einer Elefantensafari? Vielleicht kann ich heute Abend eine solche organisieren!" Selbstverständlich waren wir interessiert. Nach dem Abendessen hatten wir unsere Safari schon ins Kamin geschrieben, als Leslie doch noch aufgeregt anrief: „In fünf Minuten fahren wir los! Die Führer haben eine grosse Herde ausgemacht!" Wir wechselten im Eiltempo unsere Klamotten und bestiegen den offenen Landrover. Sehr rasch zweigte ein kleiner Weg von der Hauptstrasse ab und wir schaukelten auf einer Rumpelpiste lange dahin, bis wir auf eine grössere Lichtung gelangten. In einer Distanz von weniger als zweihundert Metern erkannten wir eine Herde von Dutzenden Elefanten. Wie es schien, waren es vornehmlich Mütter mit ihrem Nachwuchs in unterschiedlichem Alter. „Pssst, still, wir sollten nicht auffallen! Und haltet Euch auf dem Weg. Im Busch hat es Schlangen und anderes Getier!" warnte der Anführer.

Im Sumpf quackten Frösche. Die Vögel in den Bäumen vollführten einen Riesenspektakel wie üblich beim Einnachten. „Und seid immer bereit ins Fahrzeug zu springen, wenn wir fliehen müssen! Elefanten sind unberechenbar. Und stark!" In Ruhe konnten wir die grosse Herde beim Abendmahl beobachten. Plötzlich kam Unruhe auf. Unsere Führer horchten auf. Äste knackten und im nächsten Moment tauchte ein riesiger Elefantenbulle weniger als fünfzig Meter von uns entfernt auf. Unsere Männer wurden nervös, denn das Tier trabte exakt auf unserem Weg, schnitt uns somit den Rückzug ab. „Ins Auto und ruhig sein!" Wir gehorchten unverzüglich. Der Bulle schaute noch zweimal nach uns und trottete weiter. „Der hat jetzt anderes im Kopf!" lachte der Fahrer und deutete auf seinen riesigen Penis. Langsam stiegen wir wieder vom Landrover herunter, führten unsere Beobachtung fort bis die Dunkelheit endgültig hereinbrach.

Zum Abschluss der Rundreise überführte uns Leslie in unser Ferienhotel. Da meine Frau und ich stets den Weg unseres Fahrers auf der Landkarte mitverfolgten, erkannten wir, dass er nicht die direkteste Route zur Küste fuhr, sondern einem ziemlich unübersichtlichen Zickzackkurs folgte. Darauf angesprochen, stotterte Leslie etwas verwirrt: „Dieses Wochenende finden Wahlen statt. In dieser Zeit sind die Leute verrückt, können unberechenbare Aktionen vollführen. Eigentlich wäre es uns gar nicht erlaubt jetzt auf der Strasse zu sein! Es herrscht Fahrverbot! – Ich versuche hiermit die Hotspots zu umfahren. - Mich ängstigen muslimische Siedlungen…" Er seufzte. Wenig später befanden wir uns in der Tat plötzlich nahe einer Auseinandersetzung zwischen zwei Gruppen, die sich mit Baseballschlägern auf üble Art bekämpften. Leslie wendete sein Auto in Panik.

Das Beachhotel *Triton* entsprach in jeder Hinsicht unserem Geschmack. Es war vornehmlich von Honeymoonern belegt, aber auch von Paaren mit ihren Familien, welche hier heirateten. Täglich ertönte mindestens zweimal die Hochzeitsmelodie der Musikkapelle, welche speziell für diese Anlässe zur Verfügung stand. Das Paar sass dann auf einem bemalten, mit Blumen geschmückten Elefanten und dieser spazierte durch die offene Lobby in den Garten, wo die Dame des Standesamtes die Trauung in würdigem Rahmen nahe des Seerosenteichs vornahm.

Wir lernten eine Sippe aus Liverpool kennen. Weil wir täglich mit dem Brautpaar und weiteren Familienmitgliedern Wasserball spielten, kamen wir uns näher. Aber bis wir den Durchblick in ihrer Familienstruktur bekamen, dauerte es Tage, eigentlich bis zum Tag X, dem Heiratstermin. An jenem Morgen hatte der Bräutigam bei unseren Wasserballkämpfen seinen neuen Ehering im Bassin verloren und Judith fand ihn auf dem Grund wieder, was für die Brautleute eine riesige Befreiung war! Diese Hochzeitsgesellschaft bestand aus über zwanzig Leuten: Ehemann mit seiner früheren Ehefrau, den gemeinsamen Kindern und den Eltern und Schwiegereltern. Ehefrau mit ihrem früheren Ehemann, den gemeinsamen Kindern und den Eltern und Schwiegereltern. Für uns war es echt kompliziert den Durchblick zu bekommen! Sehr verwirrend war, dass der Bräutigam regelmässig von seiner Frau sprach, aber seine Exfrau meinte. Und die Braut sprach regelmässig von ihrem Mann, meinte aber den Exgatten. „Wir harmonieren sehr gut miteinander, machen alles gemeinsam, so wie es sein soll!" Diese Familienstruktur war für uns gewöhnungsbedürftig. Doch ist es nicht so, dass jegliches einvernehmliche Verhalten bei einer Scheidung besser ist als Zank und Streit?

In unserem riesigen Zimmer stand ein gigantisch grosses Bett in einer Dimension von zirka drei auf drei Metern! Es war ein Bett von der Art, wie wir es zuvor nur noch einmal ähnlich in den Arabischen Emiraten in einem Luxushotel vorgefunden hatten. Jede Nacht kam mir meine liebe Gattin irgendwie abhanden und ich fand sie oft erst am nächsten Morgen wieder weit abseits von mir in einer Ecke des Bettes schlafend. Umgekehrt war das nicht anders. Judith konnte mitten in der Nacht rufen: „Mann, wo bist Du?" Am ersten Morgen läutete das Telefon zu früher Stunde. „Sind Sie der Bräutigam, der das Feuerwerk für heute Abend gebucht hat?" Meine Antwort: „Nein, bin ich nicht!" „Hören Sie, das geht so nicht! Sie können nicht an einem Tag das Feuerwerk ordern und am nächsten Tag absagen! So ein Feuerwerk ist mit Umständen verbunden!" „Tut mir leid, ich bin weder ein Bräutigam, noch habe ich ein Feuerwerk bestellt! Sie sind bei mir falsch! Ich bin seit über dreissig Jahren verheiratet und dabei bleibt es!" „Faule Ausrede, ich erkenne es, Sie wollen kneifen! Die meisten hier waren vorher schon zehn oder zwanzig oder sogar dreissig Jahre mit einer anderen verheiratet! Dies hat rein gar nichts zu sagen!" Ich hängte auf.

Beim Frühstück kam jener ältere Herr an meinen Tisch, der mit seiner reifen Tochter im selben Flugzeug mit uns von Zürich nach Colombo geflogen war (übrigens seine erste Flugreise des Lebens, wie uns die Tochter erklärte). Der Mann, seit fünfzig Jahren in Zürich wohnhaft, redete noch immer in der gleichen Art Schweizerdeutsch wie die Italiener in der Schweiz eben meistens sprechen (ich meine jene, die es nie lernen!). „Bin ich froh, Sie zu treffen! Niemand versteht mich hier, es ist furchtbar! Dabei geht es um etwas ganz Einfaches, aber eben doch Wichtiges: Die offerieren jeden Mittag und jeden Abend Spaghetti – meine Leibspeise! Aber dieser Koch hier ist eine Null, Mamma mia! Er lässt die Spaghetti den ganzen Tag im warmen Wasser liegen und wenn jemand bestellt, schmeisst er sie zusammen mit einer Tomatensauce in eine Bratpfanne und serviert alles als Brei! Total verkocht! Verstehen Sie, wir müssen mit dem Koch reden! Sonst kann ich hier nicht mehr Spaghetti essen und ich wäre unglücklich. Dann wäre mein Urlaub ruiniert!" Also begaben wir uns gemeinsam zum Koch und besprachen das Problem in seriöser Weise. Der Italiener sprach vor und ich übersetzte Satz um Satz: „Sie müssen die Spaghetti nur kurz al dente kochen und dann in ein Sieb geben. Erst wenn die Bestellung einlangt, geben Sie die Spaghetti mit der Tomatensauce in die Pfanne und braten alles zusammen nochmals kurz auf!" Der indische Koch verstand das und ging in der Folge auch wie befohlen vor. Der Italiener war ab diesem Augenblick für den Rest der Ferien glücklich. Übrigens: Der Koch unseres Hotels war alles andere als eine Null, im Gegenteil! Er kochte wundervolle Speisen in asiatischem Stil.

Am Nachmittag lagen meine Frau und ich im Hotelgarten und lauschten genüsslich lesend dem Rauschen des Meeres, schauten auf das Blau des Himmels und des Wassers, sowie auf die sanft wogenden Palmen. Plötzlich knackste es im Busch und eine junge Frau mit zwei Kindern kam zögernd auf uns zu. „Wir wohnen gleich da hinten. Wir sind arme Leute. Der Mann hat keine reguläre Arbeit. Wir basteln und würden gerne etwas verkaufen!" Die Frau faltete ein Tüchlein auf und darin lagen Armbändchen und Halsbändchen mit Muscheln. Kein Problem: Uns gefielen diese Dinger nicht, aber wir kauften trotzdem etwas. Die Frau sagte: „Im Zimmer gibt es kleine Seifen, Körperöle, Shampoo. Bitte schenken Sie uns diese Dinger!" Also bemühte sich meine Gattin hoch ins Zimmer und wir überreichten ihr die gewünschten Toiletten-Artikel. „Und dann habe ich noch eine grosse Bitte: Wir können unsere Tochter nicht ernähren. Könnten Sie diese mit nach Europa nehmen und dort aufziehen? Sie hätte dann ein viel besseres Leben als hier in diesem furchtbaren Land! Erschrecken Sie nicht! Ich verlange nichts, kein Geld, nichts. Es geht nur darum, dass es dem Kind besser gehen soll, als wenn es hier aufwächst, wo es keine Chancen hat!" Das zweijährige Mädchen schaute uns mit so grossen Augen an, wie es ähnliches in Europa niemals gibt. Und meine Frau und ich blickten einander mit noch grösseren Augen an. Meinte es die Frau ernst? Es schien so. Uns verschlug es die Stimme und ohnehin die Stimmung. Wir waren unfähig weiter zu sprechen. Die Frau mit den beiden Kindern verzog sich wieder durch die Büsche. Dabei erkannte ich im letzten Moment, dass mir der Bub – vielleicht neunjährig - die Mütze geklaut hatte. Meine Frau hielt mich am Arm zurück. „Lass ihn!"

Als wir in unserem Urlaubshotel ankamen, war Wochenende. Wir fanden einen Anschlag in der Lobby, wonach in unserer Nähe am Sonntagmorgen in einem Kloster eine katholische Messe gefeiert werde. Vor dem Eingangstor der Hotelanlage standen Dreirad-Kleintaxis, die für Ausflüge der Hotelgäste zur Verfügung standen. Einer der jungen Taxifahrer reagierte positiv. Ja, er wisse, wo sich dieses Kloster befinde, er werde uns gerne hinfahren. Da alle Türen des Convents geschlossen waren, läutete ich. Eine Nonne, die englisch mit italienischem Akzent sprach, erklärte uns, dass die Messe ausfalle, weil der Priester aus unbekannten Gründen nicht aufgetaucht sei. Auf unsere Frage, ob es erlaubt sei, das Kloster von innen zu sehen, winkte sie ab. Wir sind ein geschlossenes Frauenkloster, Besuche sind nicht erwünscht. Der junge Taxifahrer, der die Unterhaltung mitverfolgt hatte, sagte: „Wenn Sie wollen, zeige ich Ihnen ein Kloster, das gerne Besucher empfängt!" Also fuhren wir zu einer hübschen Anlage, wo uns ein etwa zwölfjähriger Junge - buddhistischer Mönchsnovize mit gelbem Umhang - empfing. Das Englisch des jungen Mannes war gerade so gut, dass man sich auf einfache Weise verständigen konnte. Er sass an einem kleinen Pult unter einem Pagodendach. „Was sind Sie bereit für eine Führung zu zahlen?" Wir zuckten die Achsel, waren mit dieser Frage überfordert. „Sag uns was Du brauchst und wir werden es bezahlen!" Der kleine Kerl war nicht eben bescheiden. Er legte das Geld sorgfältig in die Schublade des Pültchens. Gemeinsam stiegen wir die Treppe hoch. Der junge Taxifahrer schloss sich uns an. Am Ende der Treppe befanden sich zwei Türen. „Unsere Türe ist die linke. Aber ich lass Euch auch mal einen Blick durch die rechte Tür werfen. Dort hausen die Hindu!" Das Licht der Sonne fiel auf eine Menschenfigur mit blauem Gesicht, welche den Eingangsbereich mit strengem Ausdruck überblickte. „Es ist Krishna… Solche Figuren beten die Hindu an! Es ist abartig!" Der Junge lachte übertrieben spöttisch und imitierte dabei wahrscheinlich seinen Meister. Dann schob er die Tür schnell wieder zu. Er nahm ein Kärtchen aus seiner Rocktasche und begann in deutscher Sprache vorzulesen: „Ich freue mich, Sie in unserem buddhistischen Kloster begrüssen zu dürfen. Dieses wird von einem Mönch und fünf Novizen bewohnt. Wir werden von niemandem unterstützt, deshalb sind wir auf Ihre Spende angewiesen. Ich führe Sie jetzt in den grossen Saal, in dem mit lebensechten Figuren das wundersame Leben von Siddharta Gautama in verschiedenen Szenen nachgebildet ist..." Ich unterbrach den jungen Mann in Englisch. Weil uns sein holpriges Deutsch mit vielen falschen Betonungen störte, sagte ich: „Gib mir das Kärtchen, dass ich das selbst lesen kann. Ist einfacher für uns alle...!" Er gab sich empört: „Auf keinen Fall! Ich bin der Fremdenführer! Sie haben diese Führung bezahlt und deshalb ist es meine Pflicht diese bis zum Schluss durchzuführen!" Der selbstbewusste junge Mann hatte keine Ahnung was er in seinem aufgesetzten Deutsch plapperte, liess sich aber unter keinen Umständen stoppen.

Bei der Rückfahrt zum Hotel fragte der Taxifahrer des Threewheelers: „Darf ich Sie morgen wieder ausführen? Wann?" Wir vereinbarten einen Fixpreis und eine Zeit. Am nächsten Tag trafen wir uns nach dem Afternoontea wieder beim Eingangstor der Hotelanlage. Dies wiederholte sich täglich. Und täglich führte uns der Dreiradfahrer zu einer neuen Sehenswürdigkeit, die oft zum Staunen war.

Wir lernten, wie man Sisalschnüre produziert, indem die zuvor präparierten Fasern erst gesponnen und dann zu unterschiedlich dicken Schnüren gedreht werden. Diese Schnüre werden als Seile und Taue verwendet, aber auch als Basismaterial für Teppiche. Sisalfasern werden aus Blättern von Agaven in einem vorgängigen Prozess gewonnen, indem das Blattwerk ausgesondert wird und nur der Faserteil zurückbleibt. Ich erinnerte mich, dass zu meiner Jugendzeit in unserer unmittelbaren Nachbarschaft ein Betrieb existierte, der aus Sisalschnüren Teppiche wob. Zuvor wurden in dieser Fabrik die Schnüre unterschiedlich gefärbt, wodurch beim Weben verschiedene Ornamente entstanden. Schlussendlich wurden die Teppiche auf der Rückseite gummiert, damit sie weniger rutschten. Heute werden in unseren Landen keine Sisalteppiche mehr produziert, weil kaum noch Bedarf vorhanden ist.

In einer anderen Manufaktur stellten sie Zimt her, in Stangen oder gemahlen. In allen diesen Produktionsbetrieben gingen Grossfamilie gemeinsam zu Werk – drei Generationen: Grosseltern, Eltern, Tanten, Onkel, Kinder. Das Arbeiten erfolgte in fröhlicher, entspannter Atmosphäre. Uns wurde erlaubt aktiv mitzuhelfen, oder zumindest so zu tun als ob. In der Tat sind unzählige Kleinbetriebe dieser Art das wirtschaftliche Rückgrat des Landes.

Einmal fuhren wir weit in den Dschungel. Bei einer sehr langen, steilen Steintreppe stoppte unser Fahrer und sagte: „Aussteigen. Diese Stiege geht es nun hoch und oben befindet sich der längste liegende Buddha der Welt. Es gibt viele Orte, die sich rühmen den längsten liegenden Buddha zu besitzen. Aber dieser hier ist es wirklich!" Es war sehr heiss und die Luftfeuchtigkeit hoch. Die unzähligen Stufen waren fordernd. Doch was wir zu sehen bekamen, war die Anstrengung Wert. Mönche in violetten Gewändern waren daran eine liegende Buddhastatue in der Länge eines Fussballfeldes von dichtem Gestrüpp zu befreien. Diese Figur war vor nicht sehr langer Zeit wiederentdeckt worde, der Urwald hatte sie zwischenzeitlich gänzlich eingenommen. Ein Mönch erklärte uns gestenreich die Geschichte der Entdeckung und wie man die Renovation vornehmen werde, nämlich durch Reinigung und Neulackierung. Dies koste Geld, ziemlich viel Geld…

Ein anderes Mal führte der Ausflug an einen lieblichen See, in dem sich eine Insel mit einem Kloster befand. Unser Fahrer pfiff durch die Finger. Eine Minute später beobachteten wir, wie ein Motorboot von der Insel wegfuhr und auf uns zu steuerte. Ein junger Mönch hiess uns einzusteigen. Unser Fahrer begleitete uns wie immer. Ausser uns stieg noch ein junges Paar zu. Der Fahrer flüsterte: „Wenn Ihr noch ein Kind wollt, seid Ihr hier richtig! Man muss andächtig beten darum. Diese Mönche sind bekannt dafür diesbezüglich Wunder wirken zu können! - Dieses Paar bittet anscheinend auch um ein Kind!" Der Abt war ein grossgewachsener, freundlicher Mann mit einer tiefen Stimme und einem schallenden Lachen. Meine Frau flüsterte: «Von dem würde ich ungern eine Ohrfeige kassieren!» Der Abt sagte: „Ah, Sie kommen aus der Schweiz! Ich spreche deutsch!" Der Mann führte uns durch die Anlage. Sie bestand aus der netten Pagode, dem Wohnheim der Mönche und Novizen, sowie einem kleinen Garten und Hain in einer wunderschönen Umgebung. Unser Gedanke: Muss himmlisch sein, Gott in dieser harmonischen Natur täglich von Neuem loben und danken zu dürfen! Der Abt klatschte in die Hände und ein Eichhörnchen turnte aus dem Geäst eines Baumes herunter, liess sich auf dem Arm des Abtes nieder. Das Tierchen liess sich von ihm streicheln und füttern. Er sagte: „Eichhorn!" In der Tat hatte das Tier eine Grösse, wie wir es noch nie je bei einem Eichhörnchen zuvor sahen. Es hatte die Dimension eines Murmeltiers unserer Alpen. Der Abt erklärte: „Die jungen Novizen werden bei uns mit den 227 Regeln des Buddhismus vertraut gemacht – eine nützliche Schule fürs Leben!" Die Buben waren gerade daran sich für das Abendmahl bereit zu machen. Alle zogen ihre Kutten aus und stellten sich dann nackt in Reih und Glied auf. Ein Mönch goss Wasser aus einer Giesskanne auf die Jungs, die sich einseiften, wuschen, abtrockneten und anschliessend wieder in ihre Umhänge schlüpften. Wir überreichten dem Abt unseren Obulus und er führte uns anschliessend persönlich mit dem Motorboot über den See zurück zur anderen Seite.

Unsere Sri Lanka Ferien gefielen uns so gut, sodass wir die Insel drei Jahre später noch einmal besuchen wollten mit einem etwas geänderten Programm. Wie ich mich auch bemühte einen Flug über Weihnachten 2004 / Neujahr 2005 zu bekommen, alles war aussichtslos, weil ausgebucht! Und dies war unser Glück – oder sollen wir es besser Fügung nennen!? Denn am 26. Dezember 2004 erfolgte das Erdbeben in Aga Ace in Indonesien und die daraus resultierende Tsunamiwelle brachten in vielen Ländern Asiens und auch Afrikas Tod und Verwüstung. Sri Lanka beklagte über 35'000 Tote, davon Tausende Touristen. Eine halbe Million Ceylonesen verloren ihr Haus, das ganze Hab und Gut. Ich habe einen Film auf Youtube gesehen, den ein Tourist in unserem *Triton* gedreht hatte: Die riesige Welle wälzte sich über den Sandstrand, die Pools, die Restaurants, die Lobby und die Gartenanlage. Das Wasser drang in die Gästezimmer im Gartenbereich und im ersten Stock und verwüstete alles. Menschen, die sich in diesen Bereichen aufgehalten hatten, waren verloren. Diese ertranken nicht nur, sondern wurden von den Möbeln erdrückt, welche die Wassermassen an die Rückwand des Raumes geschleudert hatten.

14.   Traumdestinationen

«Leider kann man nicht alles haben im Leben!» Dies war der wenig sensible Kommentar eines Priesters und Reiseführers einer deutschen Pilgergruppe, die im Sinai unterwegs war. Was war geschehen? Die Gruppe kam aus Israel und geplant war ein Aufstieg zum Moses-Berg. Weil eine Reiseteilnehmerin vergessen hatte ihren Reisepass an der Rezeption des vorhergehenden Hotels abzuholen, was am Grenzübergang Taba von Israel nach Ägypten festgestellt wurde, musste der Bus zurückfahren. Man verlor durch dieses Missgeschick einen Tag, was anscheinend das Programm der Pilgergruppe erheblich durcheinandergebracht hatte. Nun standen die Teilnehmer der Gruppe traurig und verloren in der Eingangshalle jenes Hotels neben dem St.Katharina-Klosters, in dem auch wir abgestiegen waren. Und wir erlebten das Drama hautnahe. Eine ältere Nonne tobte mit dröhnender Stimme und in einem Mass, wie das selbst bayowarische Frauen äusserst selten tun. «Auf den Horeb zu steigen, dort wo Gott dem Moses die Gesetzestafeln überreichte, dies war seit je der Traum meines Lebens! Jetzt steh ich unmittelbar am Fuss des Berges meiner Begierde, bin nahe am Ziel. Und irgendjemand will mir verbieten hier hoch zu steigen! Unerhört ist das! Unerhört!» Die in Tränen aufgelöste Klosterfrau rührte den Priester nicht. Er war grausam unnachgiebig. «Ich bin nicht irgendjemand, Schwester, ich bin Ihr Pilgerführer und unschuldig an diesem Missgeschick. Leider müssen wir jetzt unverrichteter Dinge zurückfahren. Draussen wartet der Bus!»

Viele Menschen haben Träume. Sie haben vielleicht mal ein Kalenderbild gesehen, das einprägend war, in das sie sich verliebten: Die Südsee. Die Copacabana. Hawaii. Ko Samui. In meinem eigenen, meinem persönlichen Fall war es die Karibik. Ich stellte mir darunter Inseln mit praller Natur vor, wo stets die Sonne scheint und ein allzeit warmes Klima die Menschen glücklich und sorglos in den Tag hineinleben lässt.

Dass ich mir diesen Traum je selbst erfüllen würde, stellte ich mir insbesondere in meinen jüngeren Jahren nicht vor. Mein Leben war zu stark von der Realität geprägt. Wenn man eine junge Familie mit Kindern hat und man den dazugehörenden Verpflichtungen gerecht zu werden hat, dazu ausserdem noch einer eigenen Firma mit mehreren Dutzend Angestellten vorsteht, haben andere Prioritäten zwingend Vorrang. Dann verblassen Träume, Fantasien verkommen zu bedeutungslosen Luftschlössern.

Im Jahr 2002 waren meine Frau und ich in einem guten Alter: 62-jährig. Die Kinder waren erwachsen und ausgeflogen, die geschäftlichen Verpflichtungen auf einen überschaubaren Level zurückgestutzt. Wir fühlten uns unverbraucht, dynamisch, voll im Saft. Wir waren bereit Neuland zu betreten. Da es auch jemand gab, der bereit war sowohl unsere Katze wie auch die Pflanzen der Gattin während unserer Abwesenheit zu betreuen, konnten wir planen. Karibik, mein alter Traum, meldete sich in meiner oberen Schublade zurück. Und es sollte noch eine weitere Premiere dazu kommen: Die Reise würde mit einem grossen Kreuzfahrtschiff geschehen – einer Reiseart, in der wir bis zu diesem Datum keine Erfahrung hatten.

Die Kreuzfahrt startete in Genua und endete nach etwas mehr als zwei Wochen in der Dominikanischen Republik. Von dort erfolgte der Rückflug zurück in die Schweiz. Da die Reise unmittelbar vor Weihnachten erfolgte, war es eine Reise vom Winter in den Sommer mit täglich zunehmend angenehmeren Temperaturen, was wir als sehr angenehm empfanden. Bekannte von uns machten diese Reise in umgekehrter Richtung im Frühling und empfanden die zunehmend tieferen Temperaturen im Gegensatz dazu als unangenehm.

Unsere letzte Station in Europa war Teneriffa. Danach sahen wir fünf Tage und fünf Nächte kein Land mehr, bis wir in Bridgetown, der Hauptstadt der Insel Barbados anlangten. In dieser knappen Woche vergassen wir die Zeit weitgehend. Wir bezeichneten unser Leben als Katzenleben: Keine Verpflichtungen, keine Termine, keine Aufregung. Jeder Tagesablauf glich dem anderen mehr oder weniger und dieser bestand aus Ruhen, Essen, Schlafen. Täglich machten wir auch beim Frühturnen mit und täglich waren wir die Ersten im Schwimmbassin und dort allein. Der grosse Rummel ging erst nachher los. Diesem Spektakel hielten wir uns tunlichst fern. Wir genossen das zeitlose Dasein vornehmlich auf unserem Balkon mit weitem Ausblick ins blau des Meeres und ins blau des Himmels, was uns täglich noch ruhiger, noch entspannter werden liess. Wir verglichen unsere Reise mit jener von Christoph Columbus und dankten ihm posthum, dass er uns einst die Kastanien aus dem Feuer geholt hatte in einer Zeit, als es noch ungewiss war, was hinter dem grossen Wasser folgen würde. Zwar vertraute der Seefahrer damals der neusten wissenschaftlichen Erkenntnis, dass die Erde keine Scheibe, sondern rund sei. Alles andere

aber war hypothetisch. Prompt lag er falsch in seiner An-
nahme, Indien von der Gegenseite entdeckt zu haben.

Der Empfang auf der anderen Seite des Atlantiks war in
unserem Fall kein feindseliger, im Gegenteil. Statt mit
Speeren, Pfeil und Bogen empfingen uns die vornehmlich
dunkelhäutigen Menschen mit warmer Freundlichkeit in
karibischem Stil. Die Passagiere verliessen das Schiff und gelangten in eine grosszügige Empfangshalle, in der ein riesiger Tannenbaum mit blinkenden Lichtern dominierte. Uns
stand der Schweiss auf der Stirn, während mich meine Frau
mit dem Ellbogen anstiess und grinste: «In einer Woche ist
Heiligabend, mein Lieber!» Eine Steelband bestehend aus
fünf kräftig gebauten Mannsbildern liess keine Zweifel daran, dass unser Kapitän offensichtlich das richtige Eiland getroffen hatte. Die athletischen Jungs spielten trotz der
schweisstreibenden Temperaturen mit einer Dynamik, als
ginge es ums nackte Überleben. Der Kerl mit den eindrück-
ligsten Bizeps, der vor dem grössten Fass an vorderster
Front stand, war zugleich auch zuständig für den Verkauf
der Kassetten. Was er auch tat, er legte seine Drum Schlägel
keinen Augenblick weg, hämmerte immerzu weiter ohne
jegliche Unterbrechung, nahm die US-Dollar Banknoten in
Empfang, zählte das Rückgeld akribisch und spasste noch
gleichzeitig seinen Smalltalk mit den Kunden. «Thank you,
Sir! Have a nice day, Lady! Merry Christmas, Mister!" Die
behäbigen Zollbeamten verzichteten auf jegliche Kontrolle,
winkten alle Passagiere mit grosszügigen Armbewegungen
durch. Zufällig oder nicht waren gleich fünf Schiffe gleichzeitig im Hafen eingelangt. Und uns wurde auf einen Schlag
bewusst: Wer mit einem Kreuzfahrtschiff reist, tut das nicht

exklusiv, er ist Teil einer Masse von Menschen. Den richtigen Bus für den gebuchten Ausflug zu finden, war eine Kunst, die einige der Reisenden offensichtlich überforderte. Auf jeden Fall warteten wir lange bis auch bei den Letzten der Groschen gefallen war. Aber so ist es eben, wenn auch viel älteres Volk in der Touristenmasse mit dabei sein muss, wie das auf Schiffen nicht unüblich ist. Nun, U65-Leute erliegen einer eigenartigen Denkweise, nämlich sie rechnen niemals damit je in der Zukunft auch mit einer längeren Leitung geschlagen zu sein. Deshalb werden Kunstpausen dieser Art eher ungnädig kommentiert: Hallo Älterchen, durch unnötiges Warten wird uns kostbare Ferienzeit gestohlen!

Als Erstes wurden wir von der Reiseleiterin über die Entstehung des Namens Barbados aufgeklärt. Die Portugiesen, die 1536 den ersten europäischen Fuss auf das Eiland setzten, wunderten sich über die Luftwurzeln, die von den Feigenbäumen hingen. Diese erinnerten sie an Bärtige: Los Barbados.

Keine Bange, mir ist klar, dass dies nicht der Platz ist jetzt einen Reisebericht alter Schule abzuliefern. Denn heute weiss jeder, wie ein schöner Strand mit Sand fein wie Puder und Palmensaum aussieht. Und jeder weiss auch welche Farben karibische Drinks haben können: Grellblau, grellgelb, grellrot, grellgrün, grellweiss. Die Zutaten sind gefärbtes Wasser und Fusel, der Rum sein soll – eine eher nicht empfehlenswerte Mixtur! Nicht nur weil Weihnachten vor der Tür stand, auch sonst hatten es die blühenden Weihnachtssterne meiner Frau angetan. Bei uns sind es nette Topfpflanzen, hier erwachsene Bäume mit armdicken Ästen. Dass die Insulaner Wert auf Sauberkeit legen, erfreut den Touristen. Vielerorts waren mehrheitlich wohlbeleibte

Frauen damit beschäftigt die Plätze mit Palmwedeln zu säubern. Ihre Bewegungen sind von so aufreizender Langsamkeit, dass jede Super-Slow-Motion neidisch werden könnte. Der Inselstaat in den kleinen Antillen ist eine parlamentarische Monarchie und gehört zum Britischen Commonwealth. Königin Elizabeth II herrscht zumindest theoretisch auch hier. Vieles hat Bezug zum Mutterland, vordergründig die englische Sprache, aber auch zum Beispiel die roten Telefonzellen, die repräsentativen Gebäude und der Linksverkehr. Es gibt auch eine Kathedrale mit Namen St.John's. Sie ist so stilvoll, dass sie selbst dem Mutterland gut anstehen würde. Aber nicht nur die Kirche des lokalen Bischofs selbst ist auffällig, noch eher ist es der angeschlossene Friedhof, der vielleicht am nettesten Aussichtspunkt der Insel angelegt ist. Der Blick reicht über weite Teile der Insel auf den Atlantik hinaus. Jede bessere Familie investiert viel Geld in eine Grabstätte, die offensichtlich die des Nachbars übertrumpfen sollte. Es sind bombastische Gebäulichkeiten, schon fast eher Privatkapellen oder eben Mausoleen. Es gehe darum, sagen die Einheimischen, eine nette Zeit bis zum jüngsten Gericht zu verbringen. Und dann eben bei der Auferstehung aus den Gräbern gleich die schönste Aussicht geniessen zu können. Um anschliessend vom Herrn gerufen zu werden und so nahtlos in die ewige Glückseligkeit des Himmels eingehen zu können. Am Abend ging es zurück zum Hafen, als uns ein Unglück ereilte. Der Unfall betraf zwar nicht direkt uns selbst, sondern zwei Autos vor uns, die bei einer Kreuzung frontal gegeneinander gekracht waren. Weil damit nun die Strasse verstellt war, ging gar nichts mehr. Wir stellten uns auch zu den zwei Dutzend Leuten, die heftig durcheinander diskutierten, was wir als lustig empfanden. Wer die Fahrer waren, konnten wir nicht erkennen. Nach einer Stunde fragte ich unseren Fahrer, was er zu machen gedenke. «Bis die Polizei kommt, kann es Stunden dauern! Wir wenden wohl besser, sonst verpasst Ihr noch die Abfahrt Eures Schiffs!» Die Aktion unseres Fahrers animierte alle anderen auch zu wenden, wodurch sich das Durcheinander noch vergrösserte. Doch glücklicherweise gerieten wir nicht in Zeitnot, sondern hatten noch genügend Reserve Bridgetown zufuss zu besichtigen. Die Stadt ist sauber, keinem Menschen käme es in den Sinn einen Kaugummi auf den Asphalt zu speihen. Die Umweltverschmutzung erfolgt anders, nämlich akustisch: Alles ist laut, die Luft vibriert ohne Unterlass in vielen Oktaven. Aus einer Vielzahl von Privathäusern, Restaurants, Verkaufsläden schallt viel zu intensive Musik auf die Strasse. Alle Motorräder scheinen sich ohne Auspuff durch die dichten Fussgängerreihen zu drängen. Eine Jugendgruppe folgte einem Anführer, der eine Zwanzigkilo-Lautsprecherbox lässig auf der Achsel balancierte. In seiner Nähe verloren Nicht-Insulaner unwiederbringlich ihr Gehör. Im Übrigen scheinen die Bürger des Landes tolerant zu sein. Wir gerieten in eine Gasse, die von Moslems dominiert wird. Die Frauen sind verschleiert und das Fleisch wird Halal angeboten. Zahlreiche Läden haben im Schaufenster dominant die Kaaba von Mekka ausgestellt und Transparente mit Koransprüchen in Arabisch zieren die Gebäude. Doch die Kulturen vermengen sich: Viele der moslemischen Frauen trugen bunte Pakete unter den Armen. Sie waren auf Einkaufstour, sagten, dass Weihnachten nicht mehr fern liege. Zum Abschluss des Tages wollten wir noch einige Postkarten an unsere Lieben senden. Aber die Post hatte schon Feierabend gemacht, keine

Chance mehr Briefmarken zu kaufen. Eine Polizistin hatte sich vor dem geschlossenen Eingang des Postgebäude positioniert und versicherte korrekte Marken aufzukleben und die Karten am nächsten Tag aufzugeben. Wir bezahlten ihr den Preis, den sie verlangte, zusätzlich noch einen Tip. Dann schob sie unsere Karten in einen Bund von zehn Zentimetern, der von einem Gummiband zusammengehalten wurde. Kommentar meiner Frau: «Das ist ein Geschäftsmodell! Die Lady verdient damit so viel, dass ihr Mann nicht mehr arbeiten muss!» Für den Weg zurück zum Hafen setzten wir uns in ein Sammeltaxi. Der Fahrer terrorisierte uns augenfällig. Zwischen den Ampeln kannte er nur Vollgas und Vollbremsung. Er lachte über die europäischen Angsthasen. Zum Glück war die Strecke kurz: Nur vier Ampeln.

Die Überfahrt von Barbados nach Antigua erfolgte in der Nacht, aber kaum einer der Passagiere des Schiffes machte ein Auge zu, nicht nur wegen des Vollmonds. Wir passierten mehrere Inseln, eine davon war Montserrat. Auf diesem Eiland erfolgte am 18. Juli 1995 ein riesiger Vulkanausbruch. Dabei explodierte der Kopf des Berges förmlich und glühende Lava floss ins Meer. Die Katastrophe kostete zahlreichen Menschen das Leben und einigen Tausend – zumindest vorübergehend - die Heimat. Ein grosser Teil der Insel war verwüstet. Heute leben wieder einige Tausend Menschen auf Montserrat, obwohl es im Berginnern immer wieder rumort und eine neuerliche Explosion nicht auszuschliessen ist. Doch jene Berghänge, die von der Lava verschont blieben, sind fruchtbar und deshalb anziehend. Wer kann es den Menschen verdenken, dass sie zurückkehrten, es ist ihre Heimat. Doch eigentlich fanden wir die Situation grauslich, denn der noch immer existierende permanente

Rauch- und Ascheausstoss erinnert unablässig an die latente Gefahr, die im Innern des Berges lauert.

Im Unterschied zu Barbados wurde Antigua wirklich von Christoph Kolumbus entdeckt. Darauf sind die Insulaner stolz. Der Entdecker benannte die Insel nach der Kirche Santa Maria la Antigua im spanischen Sevilla. Heute bildet Antigua zusammen mit der Nachbarinsel Barbuda einen eigenen Staat.

Auf Barbados fanden wir die Wohnhäuser der einheimischen Leute winzig. Auf Antigua nun schienen sie uns noch kleiner. Man kann sich nicht vorstellen, wie in diesen farbig angemalten Hütten eine Familie mit Kindern Platz finden kann. Hier wie dort stehen die Häuschen auf vier Betonklötzen, sodass sie bei Bedarf und Notwendigkeit einfach an ein anderes Ort verschoben werden können. Land, auf dem eine Behausung steht, ist in der Regel nur gemietet – oft nicht mal das. Viele der Hütten sollen illegal aufgestellt worden sein. Dann gibt es für die Bewohner weder Strom noch Wasser und ohnehin kein Abwasser. Hier zieht man also nicht in eine Mietwohnung ein, sondern hat die eigene Wohnung stets dabei und mietet den Grund. Grosse Villen existieren auch und diese stehen an den schönsten Aussichtspunkten. In der Regel sind es Ausländer – Aussteiger, wie sie sich nennen. Zwar wohnen sie der Welt am Schwanz, aber das schöne Ambiente und tiefe Steuern trösten easy über dieses Handicap hinweg. Mit der Steuerersparnis gönnen sie sich eine weisse Jacht von nahezu hundert Fuss Länge, die auch mit Telefon und Internet via Satelliten verbunden ist. Sie gönnen sich 365 Tage im Jahr Ferien und Arbeit in einem – eine ziemlich attraktive Art den Lebensunterhalt zu bestreiten!

Unsere Tourist Guide war eine gepflegte, aufgeweckte deutsche Frau gegen sechzigjährig. Beiläufig erwähnte sie, welches Schicksal sie auf diese Insel verschlagen hatte: Sie und ihr Mann besuchten Antigua jedes Jahr im Winter. Sie waren verliebt in die Insel. Einmal eröffnete die Frau ihrem Gatten, nicht mehr nach Leverkusen zurückkreisen zu wollen, sondern hier zu bleiben. Denn hier wurde sie weder von ihrem Rheuma noch von ihrem Asthma geplagt. Für sie war es eine Wohltat hier zu leben. Offensichtlich hatte sie ihre einsame Entscheidung ihrem Gatten damals aus heiterem Himmel vermittelt, einfach so wie beiläufig. Und der hatte es ausdrücklich akzeptiert, wie sie betonte. Sie bewohne ein kleines Haus am Berg oben, erzählte sie, und dieses verfüge über einen massiven Keller, den sie mit einer Klappe dicht verschliessen könne. Dies sei nötig und wichtig, wenn die jährlich wiederkehrenden Hurrikane die Insel in oft dramatischer Weise überfallen würden. Dann, wenn sie jeweils die Stiege nach unten steigen müsse, verfluche sie den Entscheid, den Gatten nicht an ihrer Seite zu haben. Wenn die Winde von allen Seiten toben und rütteln würden und sie sich immer wieder die Frage stellen müsse, ob ihr Haus dieser Gewalt der Natur widerstehen könne. Ja dann befalle sie ein Grausen, dann habe sie Angst. Immerhin bekomme sie einmal im Jahr Besuch: Ihr Gatte, die Tochter und ihr Kind würden anreisen. Und die entsprechenden Umarmungen müssten dann wieder für das ganze Jahr über reichen. Hart, aber so sei eben das Leben. Der Gatte habe ihr fest versprochen nach der Pensionierung zu ihr zu ziehen. Aber sicher sei auch das nicht, wie im Leben auch sonst nichts sicher sei.

St.John, die Hauptstadt von Antigua, ist ein niedliches, beschauliches Kaff und nicht vergleichbar mit Bridgetown auf Barbados. Die Durchquerung zu Fuss von Süd nach Nord und von West nach Ost ist in wenigen Minuten zu bewerkstelligen. Das Städtchen hat eine besondere Rarität zu bieten, nämlich eine Holzkirche, die einst im Stil eines Holzschiffs mit handwerklichem Esprit gezimmert wurde. Weil die Kirche – sie nennt sich Kathedrale - immer wieder von Wirbelstürmen, Erdbeben und Feuersbrünsten zerstört wurde, hatten die Bewohner einmal genug und ummantelten sie 1842 mit stabilen Steinen. Seither gilt die Kirche als unzerstörbar. Der Sakralbau steht auf einer Anhöhe wenige Dutzend Meter über dem Hafen. Wenn man auf der Ruhebank vor dem Kircheneingang sitzt, streift der Blick waagrecht und direkt auf die oberste Kante der Schlote der Kreuzfahrtschiffe an den Piers. Im Grunde geniert man sich in diesem Augenblick mit einem dieser schwimmenden Riesen angereist zu sein. Der Abhang auf der anderen Seite ist ein gepflegter Parkfriedhof. Die Grabstätten sind weit bescheidener als jene auf Barbados. Dennoch laden sie vornehmlich Familien und Liebespaare zu frohen Partys ein. Ungeniert fläzen sie auf den polierten Marmorplatten, verteilen Ess- und Trinkbares einerseits, sowie ungenierte Umarmungen und Küsse andererseits. Eine Gruppe junger Männer hatten die Eisbox unmittelbar neben das Weihwasserbecken und den Schutzengel einer Grabstätte gestellt und sie liessen fröhlich scherzend die Bierflaschen kreisen.

In einer engen Gasse folgten wir den Lauten eines beeindruckend anzuhörenden Chorgesangs. Ein antikes, wunderschön gepflegtes Leichentransportauto versperrte den Weg. Dieses stand auf der Höhe eines Saales, der weder Türen noch Fenster hatte, sodass sowohl die leicht kühlende Brise wie auch die Töne ungehindert durchstreichen konnten.

Dutzende Menschen sassen auf Stühlen oder standen im Schatten, lauschten den Worten des Pastors und dem unverfälschten, melodischen Gospelgesangs mit instrumentaler Begleitung. Vorne ruhte ein Sarg auf einem Katafalk. Schwarz gekleidete Menschen – vermutlich die Angehörigen - drückten mit Wimmern und vernehmbaren Wehklagen ihre Trauer aus. Dass Tränen insbesondere bei den Frauen flossen, ahnte man nur, denn die Gesichter waren mit weit ausladenden Hüten und schwarzen Tüllschleiern verhüllt. Wir gesellten uns diskret zur Trauergemeinde und liessen die beeindruckende Stimmung in uns einfliessen, genossen andächtig karibische Melancholie, abgerundet mit einem Schuss Fröhlichkeit – trotz allem - auf Kosten des geschätzten Verblichenen im Sarg. Ihm wünschten wir angenehme Ruhe in Gottes Schoss.

Zum Abschluss des Tages besuchten wir die Markthalle, in der sich Menschen auf Weihnachten hin eindeckten. Alles wurde angeboten, von Plastikspielsachen Made in China bis zu französischem Käse und Schweizer Schokolade, von griechischem Feta bis zu koscheren Maze Schnitten. Im oberen Stockwerk hielten der Händler von Reformartikeln, der Computer- und Telefondealer, der Frisör, wie auch ein Anwalt ihre Ateliers offen: Welcome. Vor der Halle steht eine Büste aus Bronze. Sie stellt den Präsidenten dar, nicht den aktuellen, sondern seinen verstorbenen Vater. Ein stabiler Eisenzaun schützt vor Vandalismus. Ein Täfelchen gebietet bei der aufgehäuften Beige von ausgemusterten Gemüsesteigen *hier bitte nicht zu urinieren*. Am Strassenrand hatten sich kleine Lastautos positioniert, beladen mit Früchten und Gemüsen aus eigener Produktion – der Schwarzmarkt. Alle

Händler lagen ausgestreckt dösend neben ihrem Verkaufsgut auf ihren Pritschen und sie machten keine Anstalt sich zu erheben, wenn ein Geschäft anstand. Ihr einziger und ganz kurzer Reflex war ein Auge, manchmal sogar beide kurz zu öffnen. Eine Waage existierte nicht. Jeder Käufer griff sich jenes, was er sich ausgesucht hatte. Der Händler nannte den Preis, den er zu bekommen wünschte. Wenn der Preis passte, wechselten Ware und Geld die Hände.

Die nachfolgenden Inseln, die wir besuchten, die Jungferninseln, verströmten entgegen ihres an sich verführerischen Namens deutlich weniger Charme und Stil. Hier dominieren die Amerikaner. Die Inseln werden im Stil von Disneyland vermarktet. Der Hauptort auf Tortola mit Namen Road Town wird von Dutzenden Filialen der weltgrössten Banken dominiert. Diese verwalten eine grössere Zahl Offshorefirmen als die Insel Einwohner hat. Männer und Frauen von Welt horten ihr Kapital auf anscheinend legale Weise, wie man ausdrücklich betont.

Ab unserer letzten Station – der Dominikanischen Republik – verdufteten wir zeitlich gerade richtig. Während wir das Schiff verliessen, wurde dieses vom Personal gleichzeitig weihnachtlich geschmückt. Und wir langten gerade noch zeitig zuhause ein, um mit der Familie in winterlichem Ambiente die Niederkunft Christi auf unserem Planeten zu feiern. Wir waren überaus glücklich *Stille Nacht Heilige Nacht* in unserer vertrauten Sprache und in unserer geliebten Umgebung singen zu können.

15.   Was macht Menschen glücklich?

Was wohl beglückt Menschen am meisten? Schokolade? Die erste Romanze des Lebens? Oder doch eher *näher mein Gott zu Dir*, ein sanfter Tod? Volksbefragungen, Verhaltensstudien des Homo Sapiens haben Hochkonjunktur. Viele mögen seriös und aufschlussreich sein, andere haschen vor allem nach Sensationen und haben den Zweck die Auflage einer Zeitung oder eines Magazins zu steigern. Doch im Grunde finden sie schon Interesse, die Randnotizen über die neue Weltordnung.

Auf eine generelle Frage *was macht Menschen glücklich*, kann man wohl kaum eine pauschale Antwort erwarten. Weil die individuelle Ausgangslage bei jedem Menschen zu unterschiedlich ist.

Eine seriöse Studie (die Meldung kam in den News am Morgen im Schweizer Radio) vermeldete, dass Menschen von über 55 Jahren im Durchschnitt glücklicher seien als Menschen mit weniger Lebensjahren. Auf den ersten Blick erscheint diese Information unlogisch. Weil man im zweiten Teil des Lebens eher anfällig ist für Krankheiten und Gebresten, weil die Blüte der Schönheit am Verwelken ist, weil man keine Illusionen mehr hat, weil nichts weltbewegendes mehr passiert und auch kaum mehr etwas zu erwarten ist, das Ende des Lebens eigentlich schon ins Gemüt gezeichnet ist! Doch gerade diese weitgehende Erwartungslosigkeit kann anscheinend so entspannend wirken, dass sich daraus eine gelassene Zufriedenheit breit machen kann, ein Glücksgefühl, welches der Mensch zuvor noch nie je kennen gelernt hatte. Denn in den ersten Jahrzehnten des Daseins entfaltet sich das Leben in seiner ganzen Fülle, aber eben auch mit allen Problemen. Emotionen können Vulkanen gleich explodieren und dies in positiver wie auch in negativer Hinsicht. Läuft es gut im Leben, schwimmt der Mensch oben auf, dann ist er glücklich und zufrieden. Es braucht nicht mal extraordinäre Ereignisse, um in diesen grossartigen Zustand zu gelangen. In diesem Stadium hat der Mensch nur einen Wunsch, nämlich dass sich diese Situation nie mehr ändern möge. Ist ein Mann, eine Frau aber gescheitert und permanent knapp vor dem Untergehen, reicht das Wasser bis zur Unterlippe, kann sie und er sich vielleicht schon über ein bescheidenes positives Ereignis freuen und sich daran aufbauen.

Die Zeit der Kindheit sollte eigentlich von Unbeschwertheit geprägt sein. Man stellt sich vor, dass es eine glückliche Zeit sein müsste, vielleicht gar eine, wie sie nie mehr je kommen wird. Viele Kinder erleben diese Periode tatsächlich auch ohne Sorgen, insbesondere wenn Harmonie in der Familie besteht, wenn die Eltern mit viel Gefühl, hingebungsvoller Zuwendung und mit Geduld, ohne Zeitdruck auf das Kind eingehen, es täglich mit neuen Erkenntnissen beglücken. Und seine Geschwister und die Grosseltern seine besten Freunde sind. Noch früh genug klopft der Ernst des Lebens an und stellt Forderungen, was Anlass sein kann die Gemütslage sowohl der Protagonisten wie auch ihrer Umfelder einzutrüben. Sowohl begabte als auch weniger intelligente Schüler haben ihre individuellen Probleme, die gelöst werden müssen. Die einen sind unterfordert, die anderen überfordert. Wenn heute in der Schweiz die Hälfte der

Kinder ausländische Eltern haben und ein Drittel beim Eintritt in den obligatorischen Kindergarten nicht vertraut ist mit der hiesigen Landessprache, kann man sich die Probleme unschwer vorstellen und zwar sowohl für die bedauernswerten Kinder, wie auch für ihre geforderten Lehrer. Glücklichsein dürfte unter diesen Umständen ein eher schwieriger Anspruch sein.

Leider kennt unser öffentliches Schulsystem erst in späteren Altersphasen eine Selektierung nach Leistung, dann nämlich, wenn es darum geht, ob die Aufnahmeprüfung in die Sekundarschule erfolgreich war oder nicht. Und etwas später wird das Kind (und seine Eltern) mit einer schwierigen Frage konfrontiert: *Kann ich, will ich in eine Mittelschule!?* Der Besuch eines Gymnasiums ist dann der anspruchsvollere Weg, der allerdings in vielerlei Hinsicht einem begabten Schüler auch mehr bieten kann. Ohne Einsatz und Arbeit geht es allerdings auch für einen Lehrling nicht, egal für welchen Beruf er sich entschieden hat. Die Berufswahl ist eine fundamental wichtige Weichenstellung, die entscheidend sein kann, ob der Mensch im Berufsleben Fuss fassen kann und glücklich wird. Doch auch eine erste Fehlentscheidung in jungen Jahren bedeutet noch lange kein Unglück. Viele junge Menschen sind mit fünfzehn oder sechzehn überfordert, wenn es darum geht einen Entscheid dieser Tragweite zielgenau zu treffen. Doch ihnen bieten sich weitere Möglichkeiten und Chancen an, sodass sie dennoch ihren Weg machen und ihr Glück finden können.

Die aufregendste Phase des Lebens beginnt mit der Pubertät. Die Hormone verändern das Leben eines jeden Menschen. Was mal wichtig war ist nun völlig unwichtig und was mal unwichtig war ist nun absolut wichtig. An komischen Stellen am Körper wachsen Haare und die Kinder, welche sowohl Mutter wie Vater jetzt um Haupteslänge überragen, sind der Ansicht, dass die Eltern eigentlich zunehmend im Weg sind, immer noch unwichtiger sind, manchmal sogar völlig fehl am Platz. Die Eltern sagen in mehr oder weniger liebevollem Ton, dass man das Hauptziel – den Aufbau der eigenen Existenz – nicht aus den Augen verlieren soll, weil dies die Basis des eigenen Glücks darstelle. Jeder sieht ein, dass die Eltern recht haben, weil es wahr ist, was sie sagen. Und trotzdem blenden Junge immer wieder Wertigkeiten aus, verschieben sie mutwillig, weil sie durch Glitzerndes verblendet werden. Der Mensch wäre nun technisch bereit für die Reproduktion, verhindert diese jedoch gleichfalls technisch nach Kräften. Er hat gelernt die Natur zu überlisten. Er geniesst die Glückseligkeit des Liebesaktes, ohne die Konsequenz zu akzeptieren, nämlich mittels eben diesem Nachwuchs zu zeugen. Der Mensch unserer Zeit hat den Liebesakt und den Zeugungsakt separiert. Der Zeugungsakt wird auf später aufgespart, wird in den Zukunftsbereich des Lebens zurückgestellt. Damit verhält sich der Mensch widersprüchlich zum Ethikanspruch der Kirche. Denn die Kirche verhält sich so, als hätte sich in den vergangenen Jahrhunderten nichts verändert, als wäre die Gesellschaft noch so wie sie war vor fünfzig, hundert, fünfhundert, tausend Jahren. Die Kirche ist der Tradition verhaftet, vertritt die Auffassung, dass die beste Lösung sei, wenn sich nichts verändere, sondern alles so bleibe, wie es je schon war. Doch halt, ganz ohne Veränderung ging es in der katholischen Kirche dann doch nicht. In meiner Jugendzeit wurde jede Messe in lateinischer Sprache gebetet und der

Zelebrant stand vom Volk abgewandt am Altar. Zur Predigt entledigte er sich des Messgewandes und stieg nur mit dem Stolaumhang auf die Kanzel. Eine Messe dauerte mindestens eine Stunde und ein Hochamt im Normalfall zwei. Auch wir Ministranten waren in diese Struktur eingebunden: *Ad Deum, qui laetificat Juventutem meam.* Das zahlreich anwesende Volk im Kirchenschiff verstand kein Wort. Und heute dürfen sich auch Katholiken nach ihrem Tod kremieren lassen. Als Kind begleitete ich Dutzende Beerdigungen als Ministrant, explizit jede war eine Erdbestattung. Hätte ein katholischer Toter eine Kremation verlangt, wäre kein Priester zur Abdankung erschienen und natürlich auch kein Ministrant. Nur solche, die sich ungläubig oder eben gottlos nannten, verlangten nach einer Kremation. Beerdigungen ministrieren zu dürfen, betrachtete ich als ein besonderes Privileg. Es war mir erlaubt der Schulstunde fern zu bleiben. Ich durfte Weihrauch zum Himmel steigen lassen, indem ich das Rauchfass vor dem Sarg und dem Grab tüchtig schwang. Ich wünschte dem Toten im Sarg, dass er vom wohlriechenden Rauch begleitet den Weg in den Himmel finden möge. Während der Pfarrer seine meist gleichen Gebete und Psalme vortrug, betrachtete ich die trauernden Hinterbliebenen, die sehr unterschiedlich auf den Todesfall in der Familie reagierten. Wenn ein Mensch mit italienischen Wurzeln gestorben war, konnte man sicher sein, dass es herzzerreissend dramatisch wurde in der Darstellung der Trauer. Und ich erinnere mich: Einmal war ein Mann von 72 Jahren gestorben, der unverheiratet war und bei seiner Mutter lebte. Ich betrachtete dieses Alter als respektabel, seine Mutter jedoch vertrat eine andere Ansicht. Sie stand vor dem Sarg des Sohnes und sagte: „Er war ja immer etwas kränklich. Eigentlich war ich stets in Sorge, dass ich ihn nicht durchbringen würde. Nun ist es geschehen!"

Die anspruchsvollste Zeit des Lebens folgt danach. Das Leben bietet nun der überwiegenden Mehrheit der Menschen unzählige Chancen im Glück aufzugehen: Er und sie finden, dass es diesmal mehr als ein Techtelmechtel, eine Romanze ist. Sie sind sich dieses Mal sicher den Partner fürs Leben gefunden zu haben und sie feiern gemeinsam die höchste Zeit ihres Lebens mit dem Schliessen des Bundes fürs Leben. Das Paar kombiniert nun den Lust- und Zeugungsakt gezielt in einem und als Resultat wird die Frau schwanger und es kommen Kinder zur Welt, mehr oder weniger ganz nach ihrer Planung, nach ihrem gemeinsamen Wunsch, ihrer gemeinsamen Vorstellung das Leben zu gestalten und ihrer geteilten Freude, die nun doppelt ist. Genau dies ist die Antwort auf die Eingangsfrage, es ist jenes *was den Menschen glücklich macht.*

Doch das Leben ist kein Ponyhof und neben jedem Berg befindet sich ein Tal, wo Licht ist, gibt es Schatten. Anscheinend mehr als die Hälfte aller verheirateten Menschen plädieren für eine „offene Ehe" (wenn man jenes, was in der Zeitung steht, für bare Münze nehmen kann!). Wenn beide Ehepartner damit einverstanden sind, mag dies eine Option sein, welche fallweise vielleicht einen kurzen Kick vermitteln kann, daneben aber mit Sicherheit zusätzliche Verunsicherung, Verwirrung und Disharmonie, keinesfalls aber das grosse Glück bereitet. Wenn sich in einer Beziehung Langeweile einschleicht und die gegenseitige Zuwendung auf Exklusivitätsbasis schwindet, braucht es meist wenig bis zur endgültigen Ernüchterung, der Erkenntnis in der Beziehung gescheitert zu sein. Trennung. Ein Gedenk dieser bekannten

Abfolge, verzichten heute viele Paare auf eine Heirat, suchen ihr Glück ohne amtliche Absicherung. Das kann gut gehen, oft auch schlecht, besonders für den weiblichen Teil. Denn der Mann glaubt noch mit fünfzig attraktiv und begehrt zu sein (was weit nicht so oft zutrifft, wie Mann vielleicht glaubt). Vielen Frauen andererseits kommt ab der Lebensmitte ein grosser Teil des persönlichen Selbstvertrauens abhanden. Sie geben sich zu früh - weit zu früh - auf. Denn eigentlich könnte genau in dieser Lebensphase die Periode des expliziten Glücks warten. Denn nun zählen andere Werte als eine makellose Figur und eine porenreine, faltenlose Haut. Ungeahnte Freiheiten warten, wenn die Last des Kinderbekommens und des Kinderaufziehens hinter sich gelassen ist, das Leben sich in ruhigere Bahnen begibt.

Ausser diesen grossen Szenen des Welttheaters des Glücks (und des Unglücks), befasst sich der Mensch noch mit weiterem, nämlich mit den *kleinen Momenten des Glücks*. Dabei gibt es nicht wenige Menschen, die nur diese bescheidenen Momente des Glücks je erleben dürfen, keine anderen:

- Menschen gehen auf in der Natur, freuen sich am eigenen Heim und Garten. Sie sagen: Gibt es etwas Beglückenderes als Salate, Gemüse, Früchte, Beeren im eigenen Anwesen ernten zu können? Gibt es etwas, das betörender ist als den Duft der eigenen Blumen zu riechen!?

- Andere finden in sportlicher Betätigung nicht nur einen Ausgleich zu Beruf und Familie, sondern sie verfallen geradezu einer Passion, winden sich bis fast zur Selbstaufgabe aus. Das Erklimmen eines Berges zu Fuss oder mit dem Fahrrad in einer immer noch kürzeren Zeit ist für sie ein unübertroffener Climax. Dafür quälen sie sich täglich im Gym, nennen es Training.

- „Ich verfolge jeden Tag mit grösster Aufmerksamkeit die Börsenkurse, denn ich habe für fast zweihundert tausend Aktien! – Bitte? Das sei nicht viel? Sorry, ich bin ein einfacher Arbeitnehmer, kein Krösus! Können Sie wenigstens nachvollziehen, dass ich glücklich bin, wenn der Bulle tanzt?"

- Nach dem Aufheben des Lockdowns in der Corona-Krise erkannte der ahnungslose Aussenstehende, wie wichtig das Ausgehen, das Feiern, das Trinken und Tanzen für viele Menschen ist – insbesondere für Junge und solche, die sich für jung halten. Abstandhalten? Fehlanzeige. Denn Spass muss sein! Man lebt nur einmal! – Oder sind auch Sie eine dieser unsäglichen Spassbremsen mit einer ewig negativen Einstellung!?

- „Schlafen ist jenes, was mich regeneriert, was mich stark und glücklich macht!" „Puh", sagen andere, „vergeudete Zeit! Fünf Stunden täglich genügt!"

- „Ich bin ein Kinofan, ich ein Opernliebhaber, ich ein Theaterfreak. Beim Besuch von Museen komme ich in Fahrt, dann jubilierten meine grauen Zellen über all die neuen Eindrücke, die ich wie reinen Sauerstoff in mich aufnehme!"

- „Eine Zigarre ist es, was die Krone des Genusses ausmacht!" „Falsch, mein Freund, es ist ein alter Whisky, ein reifer Cognac, es sind bestimmte Jahrgänge des Barolo, die mich zum Träumen bringen!" – „Schweinebraten nach Mutterns Rezept? Lächerlich! In welcher Zeit leben wir denn! Noch nie etwas von Langusten, von Crevetten gehört?"

- „Ach wo, ich pfeif auf alles, ich bin dem Reisen verfallen, habe in meinem Leben schon 134 Länder besucht. Ich kenne die Kultur der Azteken und jene der Tolteken, ich bin per du mit den Trappern in Kamtschatka. Grönlandeis hat mich gehärtet, gleich wie die 45 Grad Celsius anlässlich der Besteigung des Ayers Rock. Ich habe keine Angst vor wilden Waranen, Würgeschlangen und hinterlistigen Menschenaffen. Mich bringt nichts aus der Fassung, ich habe Nerven! Zuhause bin ich Buchhalter und meine Frau ist Buchhalterin. Weil wir keine Kinder haben, können wir sparen. Dies erlaubt uns diese Passion des Reisens zu leben. Fremdsprachen? Englisch? Kann ich nicht, brauch ich auch nicht. Ich konnte mich noch immer verständigen, auch wenn es oft mit Händen und Füssen ist. Und viele können heutzutage deutsch, überraschend viele! Echt! Auf die Gefahr hin, dass Sie es mir nicht glauben wollen, sogar in Afrika!"

16.   Jenseits der Sieben Todsünden

Was lernten wir einst im Religionsunterricht der Kinder-tage (bei mir war das vor zirka 70 Jahren): *Wozu sind wir auf Erden?* Die Antwort im Katechismus lautete: *Wir sind auf Erden, um Gott zu erkennen und ihn zu lieben, nach seinem Willen das Gute zu tun und um dereinst in den Himmel zu kom-men.* Es ist eine klare Ansage, die ich damals als Kind ver-stand und die ich auch heute als reifer Mensch noch unver-ändert gut verstehe. Die Kernaussage ist – nebst der Gottes-liebe – *nach seinem Willen auf Erden Gutes zu tun.* Es geht so-mit nur um Liebe, nicht um Sünde, nicht um Sühne für Ver-fehlungen, nicht um Drohung mit Strafe bei Nichteinhal-tung irgendwelcher Vorschriften. Das ist bemerkenswert, insbesondere auch deshalb, weil das Verhalten kirchlicher Obrigkeit in der Vergangenheit so gar nicht dieser Maxime entsprach und jegliche Vorgabe bei Nichtbeachtung mit einer Strafandrohung behaftet war.

Natürlich lernten wir im Religionsunterricht ausserdem die *Zehn Gebote Gottes* kennen. Vielen Menschen scheinen diese aber zwischenzeitlich aus dem Hirn gefallen zu sein. Das ist insofern nicht verwunderlich, als dass die letzte Ge-wissenserforschung bei den meisten von uns schon etliche Monde zurück liegen dürfte. Uns Katholiken würde das Sakrament der Busse zur Verfügung stehen. Ich benütze den Konjunktiv deshalb, weil die Beichte in der Moderne seine Existenz weitgehend verloren hat. Dass es so ist, hat viele Gründe. Der Hauptgrund ist wohl der, dass wir uns keiner gravierender Verfehlungen mehr bewusst sind! Also was sollten wir beichten!? Der Wahrnehmungslevel für gut und schlecht hat sich verschoben. Uns ist die notwendige Sensibilität abhandengekommen. Wir haben uns einen Panzer an Resistenz zugelegt. Unsere feine Sensorik ist zugeschüttet worden durch die riesige Flut an Eindrücken und Informationen, denen wir täglich ausgesetzt sind. Im Übrigen ist es uns peinlich über eigene Fehler und Mängel mit einer uns nicht vertrauten Person, die sich Beichtvater nennt, zu sprechen. Und natürlich ist es uns noch peinlicher, wenn diese Person uns vertraut ist und wir ihr. Geradezu eine Zumutung scheint es, wenn eine Frau einem fremden Mann ihr Innerstes offenlegen soll, eine Zumutung nicht nur für die Beichtende, sondern ebenso für den Priester, der mit dem Wesen von Frauen – als Folge des Zölibates – nur wenig vertraut sein kann. Wenn es statt eines Beichtvaters eine Beichtmutter im Fall von Frauen geben würde, wäre diese Zumutung zumindest entschärft. Ob dann mehr Frauen zur Beichte gehen würden, das ist allerdings eine offene Frage. Wie auch immer, es ist ein Grund mehr der Grundsatzforderung Nachdruck zu verschaffen, dass Frauen zum Priesteramt zugelassen und geweiht werden dürfen. Gleiche Rechte für Frauen wie für Männer sollte in der heutigen Zeit für alle Bereiche des Lebens gelten, besonders auch, wenn es um das Wesentliche geht, nämlich um unser Seelenheil. – Nun ja, man könnte jetzt seufzen, der moderne Mensch lege sich ohne Wimperzucken beim Psychiater auf die Couch und stülpe vor ihm die Seele in oft schmerzlicher Weise nach aussen. Im Unterschied zur Beichte kostet ein solcher Kniefall noch eine Stange Geld. Und im Unterschied zur sakramentalen Beichte sind in diesem Fall die Sünden nicht vergeben, sie könnten sogar noch bohrender in der Seele verhaftet bleiben.

Früher hörte man manchmal von Nichtkatholiken den Satz: Ihr Katholischen habt es einfach, ihr geht zur Beichte und dann sind alle Sünden getilgt. Eine solche Plattitüde zielt allerdings am Wesentlichen vorbei. Eine Beichte ist nur gültig, wenn der Sünder nicht nur seine Fehler erkennt und bekennt, sondern auch ehrlich bereut. Dann vergibt ihm aber nicht der Beichtvater, sondern Gott. Denn der Priester ist nur der Mittler. Das bedeutet, dass jeder Christ – einerlei ob Katholik oder nicht – diese Gnade, den Akt der Vergebung erlangen kann, wenn er seine Sünden erkennt und ehrlich bereut. Unser christlicher Glaube lebt ja im Wesentlichen von der Verheissung, dass Jesus Christus am Kreuz alle unsere Sünden auf sich genommen hat, also unser Erlöser und Garant für die Ewigkeit ist. Grundvoraussetzung ist, dass wir uns dieser Gnade bedienen, an ihn und sein Vermächtnis glauben.

In der düsteren Zeit des Mittelalters behauptete der Klerus, dass Gott die *Sieben Todsünden* nicht vergeben würde. Aus heutiger Sicht betrachtet, war jene These nicht richtig! Keine Vergebung gibt es nur bei einer grundsätzlichen Ablehnung der göttlichen Gnade, einer Verweigerung, einer bewussten Abwendung von Gott. Gott gab einst Moses – dem Führer der Israeliten jener Zeit - zirka 1450 vor Christus auf dem Berg Horeb im Sinai die Gesetzestafeln mit den Zehn Geboten. Dies geschah, als Moses sein Volk aus der Verbannung in Ägypten heim ins gelobte Land Palästina führte. Weil die Menschen auf dem Weg die karge Wüste durchqueren mussten und dabei Qualen zu erdulden hatten, ja viele von ihnen sogar zu Tode kamen, verloren sie das Vertrauen in Moses und letztlich in Gott. Mit dem goldenen Kalb, das die Israeliten anbeteten, wandten sie sich von Gott ab. In seiner Verzweiflung bat Moses seinen Gott ihm ein Zeichen zu vermitteln, um sein Volk wieder auf den rechten Pfad zurück bringen zu können. In der Folge führte der Herr die Hand von Moses. Damit schlug er mit seinem Stab gegen einen Felsen und es floss Wasser heraus. Und über Nacht regnete es Manna, das die Menschen vor dem Verhungern rettete. Die Gesetzestafeln waren Gottes Hinweise an die Menschen, was Recht und Unrecht ist, um Verwirrungen zu entflechten! – Delikate Frage: Kommt uns die Zeit, in der wir heute leben, nicht ähnlich vor wie jene der alten Israeliten vor dreieinhalb tausend Jahren? Ist es nicht so, dass wir oft in Bedrängnis sind, weil Götzen jeglicher Art drauf und dran sind uns zu vereinnahmen? In unserer Zeit gibt es nicht nur ein goldenes Kalb, sondern es gibt deren viele: Das Bankkonto. Unsere eigene Intelligenz und Cleverness, von der wir angetan sind. Die Schönheit des eigenen Körpers. Unser Auto. Die eigene Wohnung, das Haus. Unser Hab und Gut. Alle diese hedonistischen Versuchungen sind uns wichtig, ja anbetungswürdig, obwohl sie mit absoluter Vergänglichkeit behaftet sind. Spätestens bei unserem Tod müssen wir uns von Allem und Jeglichem hier auf Erden trennen, vom Wertvollen wie vom Belanglosen. Die Macht der Medien bearbeitet uns täglich mit voller Wucht. Es ist alles andere als einfach sich dagegen zu stemmen, bewusst nicht dem Mainstream der Gesellschaft zu erliegen.

Jenes was als die sieben Todsünden bezeichnet wird, betrachten wir Christen des 21. Jahrhunderts eher distanziert, mit den Augen von Menschen, die meinen über ein gewisses Quantum an Erkenntnis zu verfügen und darüber zu stehen. Wir können uns kaum anfreunden damit, darin schwerwiegende Vergehen – Todsünden eben - zu erkennen. Viel mehr erscheint es uns als wäre es eine nüchterne Auflistung menschlicher Schwächen, die Definierung individueller Charaktereigenschaften der negativen Art, die uns gut bekannt sind, die wir aber eigentlich nicht mögen. Dass menschliche Charakterschwächen der Ausgangspunkt von Sünde sein können, erscheint allerdings logisch zu sein. Wobei der moderne Mensch den Begriff *Sünde* allerdings am liebsten aus seinem Vokabular verbannt sehen würde. Bemerkenswert ist überdies, wie parallel der Begriff der *Sieben Todsünden* mit jenem korreliert, was die moderne Gesellschaft grundsätzlich ablehnt. Weil dieses Verhalten gegen allgemein anerkannte Regeln der Humanität und auch gegen die menschliche Vorstellung von Ethik verstösst.

Nachstehend die Auflistung der *sieben Hauptsünden* und was unsere Gedanken darüber sein könnten:

- **Superbia.**
  Hochmut. Eitelkeit. Stolz. Übermut.
  Der Durchschnittszeitgenosse ist etwas konfus, denn diese Begriffe scheinen nicht in ein und den selben Topf zu passen.
  Hochmut und Eitelkeit sind explizit menschliche Eigenschaften, allerdings in der Regel von kleiner Tragweite, oft sehr nahe bei der Lächerlichkeit angesiedelt.

Wenn wir stolz sind auf eine gute Tat, glauben wir, dass uns dieser Stolz zusteht und wir uns an diesem Gefühl erfreuen dürfen. Würden wir sagen, dass wir uns geehrt fühlen, hätte es die gleiche Aussage in positiver Form.

Übermut ist ein Vorrecht der Jugend, den wir ihr zugestehen sollten, zumindest nicht absprechen dürfen.

- *Avaritia.*
Geiz. Habgier.

Geiz ist das Gegenteil von Grosszügigkeit. Weiter können Antipoden nicht auseinander liegen als Geiz und Grosszügigkeit es tun! Menschen mit einem grossen Herzen geniessen zu Recht viel Anerkennung in der Gesellschaft. Kleinherzige Geizkragen werden hingegen verachtet, finden keine Toleranz. Wir materiell stabil Situierten stehen bedingungslos in der Verpflichtung jenen zu helfen, die in Not sind. Es ist ein Gebot, das für alle gilt, unabhängig dieser oder jener Weltanschauung. Dabei müssen wir uns bewusst sein, dass unsere Grosszügigkeit nur einen ideellen Nutzen hat, wenn wir bereit sind auf jegliche Gegenforderung zu verzichten.

Habgier ist die Wurzel allen Übels schlechthin. Habgier ist verachtenswert!

- *Luxuria.*
Wollust, Unkeuschheit. Ausschweifung. Genusssucht. Begehrlichkeit.

Der Mensch der heutigen Zeit fragt in unbedarfter Naivität: Was bitte ist Unkeuschheit? Antwort: Das Gegenteil von Keuschheit, jener Lebensform der Enthaltsamkeit, die sich zum Beispiel Mönche und Nonnen als Norm unterziehen. Die weltliche Orientierung im Mainstream ist allerdings nicht die Askese, sondern das Gegenteil. Das Streben des modernen Menschen scheint viel eher darauf angelegt zu sein, den ultimativen Lustgewinn zu finden und diesen auszuleben.

Essentiell ist und bleibt die gegenseitige Liebe und Treue in einer Partnerschaft, bevorzugt in einer Ehegemeinschaft. Treue ist die Basis des persönlichen Glücks in der Zweisamkeit. Wer das Vertrauens des Partners hintergeht, ist auf dem Weg sein Glück mutwillig zu zerstören und er muss bereit sein dafür einen hohen Preis zu bezahlen in welcher Form immer.

- **Ira.**
Zorn. Wut. Rachsucht. Unbelehrbarkeit.

Menschen mit diesen Eigenschaften sind krank und tun gut daran sich in ärztliche Behandlung zu begeben.

Unbeherrschtheit ist in der Gesellschaft in keiner Weise toleriert und dies zu Recht. Obwohl gerade in der Literatur und dem bewegten Bild Gewalt bis zum Exzess eine dominante Rolle spielt. Insbesondere die Jugend könnte ein falsches Bild bekommen, wie das richtige Leben funktioniert, nämlich keinesfalls unter Anwendung von Gewalt! Gewalt ist immer das falsche Mittel eine Lösung zu finden. Gewalt ist in jedem Fall ein Irrweg.

- *Gula.*
  Völlerei. Unmässigkeit. Masslosigkeit. Egoismus.
  Jeder Mensch weiss, dass alles was masslos konsumiert wird, nicht zu seinem Guten gereicht, sei es Essen, Trinken, Rauchen, Kiffen, Sex, Arbeiten (und noch viele andere Aktivitäten). Eigentlich braucht niemand eine Gebrauchsanleitung darüber. Schon allein auf den eigenen Instinkt zu hören genügt. Ein Mensch, der unmässig agiert in was auch immer, erniedrigt sich selbst, schädigt sich selbst in bewusster Weise. Nur schwache Menschen erliegen diesen Versuchungen. Es ist unsere Pflicht insbesondere die Jugend aufzuklären und davor zu bewahren.

- *Invidia.*
  Neid. Missgunst. Eifersucht.
  Es sind die am weitest verbreiteten Untugenden dieser Welt und vielleicht die hässlichsten überhaupt,

die nutzlosesten ohnehin. Niemand trägt einen Vorteil davon, nicht der Neider und auch nicht jene, welche das Ziel des Neides, der Missgunst und der Eifersucht sind.

Diese Untugenden werden von der Gesellschaft ernstgenommen. Sie sind der Ursprung vieler Verbrechen und die Ankerthemen in nahezu jedem Filmstreifen und auch in vielen Büchern. Aber zutiefst verachtet.

- *Acedia.*
  Faulheit. Ignoranz. Trägheit des Herzens.
  In der Bibel erzählt Jesus ein Gleichnis. Es geht darum, was ein Mensch machen soll mit einem Schatz, den sein Herr ihm zur Verwaltung gibt. Der Ängstliche, Träge, Antriebslose kommt dabei schlecht weg, weil er den Schatz vergräbt, statt ihn aktiv zu bewirtschaften. Das Gleichnis könnte als Aufruf, ja sogar als Verherrlichung des Kapitalismus verstanden werden, was es nicht ist. Die Message ruft auf aktiv und tätig zu sein, zu säen und zu ernten, dreissigfach, sechzigfach, hundertfach.

Wir Zeitgenossen des 21. Jahrhunderts würde uns gerne jenseits von dem sehen, was als die *Sieben Todsünden* bezeichnet wird. In Tat und Wahrheit gelingt uns dies oft nur unter Vorbehalt. Ein wankelmütiger Charakter, kleinere und grössere Untugenden, Übertretungen, ein nicht seriöser Lebenswandel stösst nicht nur Gott vor den Kopf, sondern auch die Mitmenschen. Eine egoistische Person, ein Mensch mit schlechten Umgangsformen in welcher Weise immer, wird im Leben in der Regel scheitern, egal welche soziale Position er oder sie einnimmt. Es ist unsere Pflicht die Jugend entsprechend aufzuklären – am liebsten würde ich sagen *zu erziehen*. Aber Erziehung ist in der heutigen Zeit ein Begriff, der wenig attraktiv ist, der keinen Wohlklang hat. Auf jeden Fall ist es die Pflicht von uns Erwachsenen gute Vorbilder zu sein.

17. Der Mensch, Krone der Schöpfung?

Ist Ihnen gegenwärtig, seit wie lange das Universum existiert? Zerbrechen Sie sich nicht den Kopf, die Antwort lautet: Das von uns Menschen beobachtbare Universum besteht seit 13.8 Milliarden Jahren. Beobachtbar meint jene Zeit, die wir zurückschauen können, in der wir hier auf Erden Lichtimpulse empfangen können. Da die Astronomen in ihren Erkenntnissen noch weit nicht am Ende angelangt sind, dürfte dieser Wert eher als ein Zwischenergebnis zu betrachten sein. UDFy-38135539 ist eine der am weitest entfernte Galaxie, die bislang gefunden wurde: Der Abstand zur Erde beträgt 30.3 Milliarden (30'300'000'000) Lichtjahre. Das Licht, das hier aktuell von diesem Objekt empfangen wird, wurde vor über 13 Milliarden Jahren ausgesandt. Dies bedeutet, dass jenes was wir heute sehen, vor über 13 Milliarden Jahren geschah.

Unsere Heimatgalaxie, die Milchstrasse, beinhaltet zirka 300 Milliarden (300'000'000'000) Sterne. Unsere Erde ist ein Trabant eines Sterns (der Sonne) dieses Systems. Im Universum gibt es hunderte Milliarden Galaxien in ähnlicher Grösse unserer Milchstrasse. Daraus errechnet die Wissenschaft eine Anzahl Sterne von 10 hoch 22.

Unser Sonnensystem entstand vor 4.6 Milliarden Jahren und daraus entwickelte sich als Trabant unsere Erde.

Der Mensch existiert nach neuesten Erkenntnissen seit zirka 2.8 Millionen (2'800'000) Jahren. Nachweise von früher existierenden Menschen aufgrund von Knochenfunden sind zirka 55'000 Jahre alt.

Um jeglicher Missinterpretation vorzugreifen:

Die Zeiteinheiten, die bei diesen Angaben aufgeführt wurde (wann entstand unser Sonnensystem und damit unsere Erde und seit wie lange existiert der Mensch auf Erden) ist in unserer ordinären Masseinheit, die wir im normalen Umgang benützen, genannt. Angaben in Jahren ist jene Zeiteinheit, die für uns am einfachsten zu begreifende ist.

Im Universum andererseits haben wir uns mit komplett anderen Dimensionen auseinander zu setzen. Würden wir uns diesbezüglich mit uns vertrauten Distanz- und Zeitbegriffen bedienen (Metern, Kilometern einerseits und Sekunden, Minuten, Stunden, Tagen, Jahren andererseits), würden wir mit so gigantisch grossen Zahlen konfrontiert, dass sie insbesondere für uns Laien kaum mehr überblickbar wären. Aus diesem Grund ist die Masseinheit der Distanzen von unserer Erde zu den Sternen im Universum in Lichtjahren aufgeführt, das heisst jener Distanz, welche das Licht zeitmässig benötigt, um von einem Punkt zu einem anderen Punkt zu gelangen. Das Licht legt in einer Sekunde zirka 299'792 Kilometer zurück, dies ist eine Strecke, die etwa siebenmal dem Erdumfang entspricht. Ein Jahr von 365 Tagen hat 31'536'000 Sekunden.

Die Lichtgeschwindigkeit ist die schnellste uns bekannte Einheit. Würde es eine Geschwindigkeit geben, die schneller als das Licht wäre, könnten wir nahtlos in unsere eigene Vergangenheit zurückschauen, so ähnlich als würde man einen Film rückwärtsspulen.

Weshalb führe ich all diese Zahlen auf und mache Sie damit vielleicht mehr konfus als dass ich Ihnen einen besseren Durchblick vermittle? Weil ich damit aufzeigen möchte, welche Rolle wir Menschen in der Schöpfung spielen. Wenn unsere Aussage lautet, dass der Mensch die *Krone der Schöpfung* sei, liegen wir wohl ziemlich sicher falsch. Weil die Menschen des vorindustriellen Zeitalters die Dimension der Schöpfung weit nicht übersehen konnten, stellten sie damals den Menschen ins Zentrum der Schöpfung. Dies insbesondere auch deshalb, weil es das einzige Geschöpf auf Erden ist, das vernünftig denken und handeln kann und dadurch allen anderen Geschöpfen intellektuell überlegen ist. Aber auch für sich selbst in hohem Masse verantwortlich ist! Sie verstiegen sich sogar zur Aussage, dass Gott den Menschen nach seinem Ebenbilde schuf. In der heutigen Zeit bleibt uns wohl nichts anderes übrig, als Definitionen dieser Art als anmassend zu betrachten. Weil uns zwischenzeitlich die Dimension des Universums besser bekannt ist. Würde die Aussage hingegen lauten, dass der Mensch das letzte und das am weitest entwickelte Glied der Evolution auf unserer Erde darstellt, wäre eine solche Aussage akzeptabel.

Hat diese fortlaufende Anreicherung des Wissens der modernen Wissenschaften einen Einfluss auf unser religiöses Denken, auf unseren Glauben an Gott? Ja, aber durchaus nicht in negativer Weise. Wenn wir gläubig sind, erkennen daraus nur noch besser wie gross unser Schöpfer – Gott – ist. Es ist eine Dimension, die vom menschlichen Verstand nur rudimentär zu begreifen ist. Aus diesem Grund werden Interpretationen von Gott stets an unserem limitierten Wissen und unserem bescheidenen Verstand scheitern. Der bekannte Physiker Heisenberg sagte einst: „Wer einen Schluck aus dem Becher der Naturwissenschaften trinkt, ist für den Glauben verloren. Doch am Grund des Bechers wartet

Gott". Glaube ist und bleibt Glaube. Glaube ist das Gegenteil von Wissen. Glaube ist Nichtwissen. Glaube ist Gnade.

Im Übrigen haben wir anzuerkennen, dass unser ganzes Leben auf Glauben und Vertrauen basiert, ganz unabhängig davon, ob wir einen Gottesglauben und ein Gottvertrauen besitzen oder nicht. Ein Kind stellt sich ganz auf seine Eltern ab, vertraut ihnen als Beschützer, Führer und Lehrer. Als Autofahrer bauen wir absolut darauf, dass der entgegenkommende Fahrer weiss, was rechts und links ist. Und als mündiger Mensch haben wir sehr viel Wissen übernommen, das uns in der Schule aufgebürdet wurde, was wir gelesen oder gehört haben und in unserem Gedächtnis haften geblieben ist. Ist es unsere persönliche Erfahrung, dass die Schweizerische Eidgenossenschaft im Jahr 1291 gegründet wurde? Es ist eine Überlieferung, der wir vertrauen. Das meiste Wissen, das wir uns angeeignet haben, ist eigentlich gar kein Wissen, sondern nur Glaube und Vertrauen darauf, dass jenes was einst festgehalten und überliefert wurde, tatsächlich mal geschah und der Wahrheit entspricht. In der Fülle der Informationen liegt ja auch eine Krux unseres Lebens: Wir müssen pausenlos beurteilen, ob etwas wahr ist oder ob hinter einer harmlos erscheinenden Depesche Mächte stehen, die es darauf abgesehen haben, uns zu manipulieren und zu vereinnahmen.

Wenn wir unserer Vernunft folgen, müssen wir annehmen, dass im Rahmen der Evolution die Entstehung des Menschen wohl ein Nebenschauplatz darstellt. In den Zeitdimensionen, die im All gelten, ist der Homo Sapiens einen Wimpernschlag lang existent geworden und wird wohl einen weiteren Wimpernschlag später auch wieder von der Bildfläche verschwunden sein, einerlei ob mit oder ohne seine aktive Beeinflussung. In der Evolution ist ein immerwährendes Werden und Vergehen ein normaler, ein natürlicher Vorgang. Ob in unserer Milchstrasse oder in einer anderen Galaxie Gebilde bestehen, die erdähnlich sind (nämlich Trabanten eines Sonnensystems), dies wissen wir nicht, kann aber aufgrund der schieren Dimension angenommen werden. Die Wissenschaft ist intensiv auf der Suche danach. Immerhin wurden bisher 4118 Exoplaneten gefunden. Exoplaneten sind Trabanten von energiereichen Sternen, die in Rotation und ausgeglichener Balance den Mutterstern umrunden. Nur diese Konstellation vermag jenes moderate und ausgeglichene Klima zu erzeugen, das notwendig ist für biologisches Leben, wie wir es von unserer Erde her kennen. Somit die Grundvoraussetzung dafür ist, dass vielleicht noch irgendwo sonst menschenähnliche Wesen existieren.

Was lernen wir aus diesem Exkurs? Es ist die Erkenntnis, dass wir uns (Menschen) ernst nehmen sollten, uns aber nicht grösser betrachten dürfen, als uns dies zusteht. Und es würde einem jeden von uns auch gut anstehen, persönlich ehrlich mit sich selbst zu sein. Wir sollten unsere Meisterschaft einschränken, uns selbst nach aussen und nach innen permanent vorteilhafter darzustellen als wir sind. Es sollte nicht soweit kommen, dass unsere eigene Wahrhaftigkeit so sehr in Frage gestellt wird, dass wir schlussendlich jenes Zweifelhafte selber glauben, was unser Hirn in Gedanken und unser Mund in Worten aus Gewohnheit verlässt: Der Dicke steht am Morgen als Erstes auf die Waage und zieht den Bauch ein, ohne dies zu bemerken. Weil ihm sein Unterbewusstsein einflüstert damit leichtgewichtiger zu sein!

18.   Wir sollten besser auf uns aufpassen

Wir Schweizer gelten als berechnend, manchmal gar als unschön berechnend, was dem Image unserer Nation nicht eben förderlich ist. Diese Gesinnung hat zur Folge, dass wohl kein anderes Volk der Welt so viele Versicherungsverträge gegen alle Arten von Risiken abschliesst, wie wir Schweizer dies tun. Sollte etwas Aussergewöhnliches passieren, möchten wir sicher sein, dass wir von diesem ungemütlichen Ereignis nicht in unserer Existenz bedroht werden. Diese unsere Art müsste uns eigentlich schon aus Gründen der Vernunft dazu animieren, gläubig zu sein. Denn der Glaube ist zu einem Teil auch eine Art Absicherung, nämlich von jenem was nach dem Leben auf Erden, dem Tod, folgt: Das Weiterleben der Seele in der Ewigkeit. Zugegeben, diese Art Buchhalterdenken hat wenig bis nichts mit Religiosität zu tun und schon gar nichts mit Spiritualität, den wesentlichen Pfeilern eines gottgefälligen Lebens.

Obwohl die Ewigkeit ein fundamental wichtiger Teil unseres Daseins darstellen sollte, verhalten wir uns oft nicht entsprechend, zumindest die meisten von uns nicht. Unser Leben gaukelt dahin, ohne dass wir uns ernsthaft bemühen Verdienste für das Jenseits zu erwerben. Auch wenn viele Menschen der Ansicht sind, nicht geschaffen zu sein sich altruistisch zu benehmen, könnten wir bereits mit recht bescheidenem Aufwand viel bewirken. Ein positiver Blick, ein Lächeln, ein gutes Wort kostet wenig, kann aber Wunder wirken, könnte unserem gesellschaftlichen Leben Auftrieb verleihen. Die Corona-Krise animierte zu Hilfsbereitschaft, spornte die Menschen an, sich gegenseitig zu helfen. Die Menschen rückten näher zusammen. Menschen schenkten anderen Menschen Menschlichkeit. Was hindert uns daran mit diesem Gebaren weiter zu fahren, sich damit gegenseitig das Leben leichter zu machen!?

Skifahren, Fahrradfahren, Motorradfahren ohne Sturzhelm betrachten wir als fahrlässig. Wir sehen ein, dass es notwendig ist sich selbst zu schützen. Wenn es aber um andere gesundheitsschädigende Aktivitäten geht, besteht die Tendenz, einen grosszügigeren Massstab anzuwenden. Wir sind schnell bereit darüber hinweg zu sehen, wenn das Benehmen über die bekannte Hutschnur geht: Exzessiver Tabakkonsum. Überbordendes Trinken von Alkohol. Zuviel zu Essen, sagen wir ruhig Fressen. Zu wenig Schlaf. Der Konsum von aufpeitschenden Mitteln und Drogen ist verbreitet. Dabei weiss jeder, dass viele der Präparate illegal sind und jedermann kennt die Gefahren. Weshalb ziehen trotzdem so viele Menschen nicht die Konsequenz und halten sich davon fern? Irgendwann, früher oder später, haben wir für ein solches Verhalten den Preis zu bezahlen. Der eine Teil wird mit Krankheiten und Gebresten büssen, der andere zumindest mit einer teureren Krankenversicherungsprämie. Auf jeden Fall ist es unsere Pflicht, insbesondere unsere Jugend vor diesen Gefahren zu warnen und zu bewahren. Die Schulen mit den Erziehern und die Eltern tragen diesbezüglich eine grosse Verantwortung. Ein Leben ohne Exzesse sichert zwar grundsätzlich niemandem ein langes und gesundes Leben. Gemäss Statistik sind die Chancen jedoch höher auf ein längeres gesundes Alter, mit dem wir unseren Nachkommen ein Schnippchen schlagen können, damit der Erbgang noch etwas warten muss!

Dreissig Prozent der Schweizer leiden unter Schlafstörungen. Die Gründe dafür sind vielfältig. Viele Menschen können in der Freizeit und abends nicht zur Ruhe kommen, weil sie getrieben sind von den Problemen des Alltags. Probleme in der Beziehung und Familie, Probleme am Arbeitsplatz, Bedrohungen der Gesundheit durch Krankheiten belasten und können nicht unmittelbar ad acta gelegt werden. Der damit eingehandelte Schlafmangel wirkt als weiterer Dominostein diese Menschen in eine Depression zu drängen, die oft nur schwer überwunden werden kann. In solchen Fällen könnte das Vertrauen in Gott, der Glaube entscheidend helfen aus der Dunkelheit heraus zu finden, wäre oft hilfreicher als jeder Psychiater.

Viele Menschen verlangen von sich zu viel, überfordern sich. Es ist gut Ansprüche an sich selbst zu haben, sich Ziele zu setzen, persönliche Bedürfnisse nicht zu verdrängen. Aber wir sollten dadurch nicht überfordert sein, wir sollten Stress von uns halten. Die Balance zwischen Aktivismus und Ruhephasen sollte ausgewogen sein. Und dies nicht erst im Alter, sondern schon in jüngeren Jahren. Ein immerzu am oberen Limit drehender Motor überhitzt irgendwann und verglüht, endet in der Katastrophe. Vielen von uns gelingt es schlecht unser Gehirn ab und zu auf Pause zu programmieren. Wenn wir uns vorstellen, dass täglich 60'000 bis 80'000 Gedanken durch unseren Kopf jagen, können wir uns eigentlich nur wundern, dass es uns in der Regel trotz allem gelingt unser Leben einigermassen in der Balance zu halten.

Gedanken, die uns unangenehm sind, sollten wir bewusst und rigoros von uns halten, weil sie nur belasten. Pflichten, die uns unabdingbar unterliegen, sollten wir nicht vor uns herschieben, sondern so schnell als möglich erledigen, am besten unverzüglich. Das klärt den Geist und macht das Gemüt leicht und froh. Und Freiraum zu schaffen, um Zeit zu haben für den Liebsten, die Liebste, die Familie, für vertraute Freunde. Zeit mit ihnen zu teilen ist stets eine gute Investition. Eine positive Lebenseinstellung hilft nicht nur das eigene Leben besser zu meistern, sondern stärkt beiläufig auch das eigene Immunsystem. Damit sind wir weniger angreifbar für Krankheiten. Erholung von uns selbst tut wohl, ist ein Jungbrunnen. Nehmen wir uns vor, es uns öfter zu gönnen.

19. Verzichte

In unserem Haushalt existieren Gegenstände, die – sagen wir mal - Tradition haben. Es sind teilweise alte Sachen, was nachweisbar ist, weil meine Frau und teilweise unsere Vorbesitzer sie mit einem Datum versahen. In der Regel ist es das Kaufdatum, das erwähnt, oft sogar eingeritzt ist. Eben hatte ich ein scharfes Messer in den Händen, das mit der Jahreszahl 1935 gezeichnet ist. Dieses hat einen massiven Griff und eine robuste Lederscheide. Damit putzte ich Radieschen, Rettiche und Kohlrabi aus dem eigenen Garten. Die älteren Sachen, die nicht von uns erstanden wurden, stammen ausschliesslich aus dem Haus meiner Schwiegereltern, die akkurate Sammler oder zumindest Aufbewahrer waren. Dies ist ein eher üblicher denn unüblicher Charakterzug der Menschen unserer Vorgängergeneration. Sie waren eigentlich nicht in der Lage etwas weg zu werfen, weil alles mal Geld gekostet hat und man es vielleicht irgendwann mal wieder brauchen könnte. Aus diesem Grund war Horten, beziehungsweise nicht Wegwerfen sehr naheliegend.

Wenn man bei Gebrauchsartikeln, insbesondere jenen die man oft in den Händen hat, das Kaufdatum anschreibt – sei dies ein Rasenmäher, eine Heckenschere oder ein Staubsauger, kann man übrigens erkennen, wie schnell man alt wird. Die Garantiezeit schmilzt unglaublich schnell dahin! Und beiläufige Blicke auf diese Daten lassen uns erkennen, wie schnell die Zeit fliegt: Was, schon zehn Jahre her, dass wir diese Küchenmaschine erstanden haben…!

Als wir – meine Frau und ich - im vergangenen Jahr (2019) in unser neues Domizil umzogen – wir nennen es *unser Altersheim*, hatte unsere Beziehung eine echte Herausforderung zu bestehen. Es ging darum gemeinsam zu entscheiden, was weggeworfen wird und was behalten und ins neue, kleinere Haus mitgenommen wird. Dabei war – sehr interessant – meine Frau viel grosszügiger als ich bei den Entscheidungen, sich von all jenem zu trennen, was uns im Alter nicht mehr dienlich sein kann. Interessant deshalb, weil Judith immerhin aus jenem Haus stammt, in dem nichts weggeworfen wurde. Jene Teile, die für die Brockenstube bestimmt waren, füllten mein Auto mehrfach. Das andere wanderte in die Mulde, die vor dem Haus aufgestellt war. Damals schmerzte es mich zum Beispiel, dass ich mich zwingend entscheiden musste, entweder meine Bibliothek wegzugeben oder meine Buchhaltungsunterlagen der letzten Jahrzehnte zu vernichten. Dabei entschied ich mich Letzteres zu behalten – ein Entscheid gegen mein Herz und zugunsten der Vernunft. Prompt kam wenige Wochen später die Steuerverwaltung mit ihrer Forderung der Grundstückgewinnsteuer. Diese Steuer konnte ich nur in vernünftigem Rahmen halten, weil es mir möglich war alle notwendigen Belege der letzten fünfzig Jahre (!) lückenlos vorzulegen. Wer diese Dokumente nicht vorlegen kann (und dies ist selbstverständlich die Mehrheit), wird eingeschätzt und das geht, wie man sich vorstellen kann, wohl nie zu Gunsten des Steuerzahlers aus. Andererseits steht nun ein Engel aus Stein von vielleicht hundert Kilo Gewicht dominant im neuen Garten, der im früheren Anwesen ein Schattendasein führte. Dieser Engel würde sehr gut auf das Grab einer berühmten Dichterin in einem Parkfriedhof einer Grossstadt passen, ist aber auch hübsch in unserem Garten anzusehen. Die anmutige Figur mit charmanter Patina stammt von einem aufgelösten Grab einer mir soweit unbekannten Verwandten, vielleicht auch nur Bekannten, die im vorletzten Jahrhundert das Zeitliche gesegnet hat. Und an einem anderen netten Plätzchen unseres neuen Gartens steht eine liebliche Venus aus Stein, die anlässlich des Umzugs ebenfalls nicht dem Schnitt der Entsorgung anheimfiel. Dies insbesondere eingedenk dessen, dass unsere Tochter die alles andere als leichte Figur einst unter schwierigsten Verhältnissen aus Spanien mit nachhause geschleppt hatte, wo sie leider zur Enttäuschung aller enthauptet ankam. Die Figur hatte den Transport nicht heil überstand. Ich klebte das liebliche Köpfchen postwendend wieder auf den Korpus, ein banaler Vorgang, der aber immerhin die Tränen zu trocknen vermochte. Korpus und Kopf halten heute noch – ein Vierteljahrhundert später – tadellos aufeinander. Araldit sei Dank!

Übrigens: Den besagten Beziehungstest schafften wir zwar nicht problemlos, aber gut.

So wie man sich – wie oben beschrieben - im Alter von profanen Dingen verabschieden muss, geschieht das auch mit anderem, was uns wichtig und heilig ist und war. Vordergründig zähle ich die Verwandten und Bekannten dazu, die uns ins Jenseits voraus gegangen sind, die wir zu Grabe tragen mussten. Es geht aber auch um Tätigkeiten, auf die man Schritt um Schritt verzichten muss, beziehungsweise wo zumindest eine Reduktion angesagt ist. Wir zollen dem Alter Tribut. Auf anspruchsvolle Wanderungen im Berggebiet, Abenteuerreisen, Skifahren verzichten wir. Das Sportfahrrad wurde gegen ein Elektrobike getauscht. Es scheinen eher Nebenschauplätze zu sein, um die es geht. Es ist ein

Verzicht auf Tätigkeiten, die man grossherzig als Luxusaktivitäten bezeichnen kann. Sie machen das Leben zwar schon attraktiv, schränken aber kaum ein, wenn man sie nicht mehr ausübt. Wie auch immer, jeder Verzicht ist trotz allem ein Verzicht. Tatsächlich müssen wir gnadenlos erkennen, dass wir zwischenzeitlich sogar bei ganz normalen Tätigkeiten bisweilen an unsere Grenzen stossen. Zum Beispiel war der Umzug mit Sack und Pack vom bisherigen Haus in unser neues Altersheim überaus anstrengend, obgleich wir glücklicherweise auf die tatkräftige Unterstützung unserer Kinder und von professionellen Zügelleuten zählen konnten. Es war eine Herkulesaufgabe, die man sich im Alter – wenn man Vernunft walten liesse - eigentlich nicht mehr zumuten sollte. Selbst wenn man bester Gesundheit ist, wie wir es glücklicherweise sind. Nun aber geniessen wir den Preis unseres Aufwandes in vollen Zügen. Unser neues Heim ist wohl gelungen und wir danken Gott, wenn er uns noch einige Jährchen gibt, während denen wir darin leben dürfen. Wir haben echt das Gefühl noch nie je ein sorgenfreieres, relaxteres Dasein erlebt zu haben als gerade jetzt. Corona hin oder her.

Genderhinweis

In den überwiegend mehrheitlichen Fällen, wo es ER heisst, ist auch SIE damit gemeint. Zwecks einfacherer Lesbarkeit wurde in vielen Fällen die männliche Form verwendet. Im Sinne der Gleichberechtigung gilt diese Form mit gleicher Wertigkeit für alle Geschlechter.

Den Staub der Väter abstreifen

Weitere Publikationen von
HERMANN GRABHER

von wegen früher war alles besser

© 2020 erschienen bei tredition GmbH, Hamburg

Verlag und Druck: tredition GmbH, Hamburg

ISBN

Paperback: 978-3-347-02433-5

Hardcover: 978-3-347-02434-2

e-Book: 978-3-347-02435-9

Es ist eine persönliche Rückbetrachtung des Autors auf seine bald 80 Lebensjahre. Die Notizen zu unterschiedlichen Themen zeigen auf, wie sich die Lebensumstände und damit auch die Menschen in der Zeit seit dem zweiten Weltkrieg bis heute verändert haben. Man erkennt, dass unser Leben in vielen Aspekten besser geworden ist. Und die Zukunft-Perspektiven positiv sind.

EWIGE JUGEND EWIGES LEBEN

© 2017 erschienen bei tredition GmbH, Hamburg

Verlag und Druck: tredition GmbH, Hamburg

ISBN

Paperback: 978-3-7439-7611-5

Hardcover: 978-3-7439-7612-2

e-Book: 978-3-7439-7613-9

Roman   Eine Fiktion

Der Roman handelt von einem Mediziner und Forscher, der auf der Suche nach einem Medikament zur Verhinderung von Krebs nicht erfolgreich ist, dafür aber unerwartet den Schlüssel findet, welcher die Alterung menschlicher Zellen verhindert. Der Forscher stellt hohe moralische Ansprüche an sich selbst. Er glaubt, dass die Distribution dieses Medikaments sehr selektiv zu erfolgen habe. Anderen ist dieses protektionistische Vorgehen suspekt und sie sehen darin Willkür. Nicht unerwartet wollen nicht nur die Guten von dieser medizinischen Errungenschaft profitieren, sondern eben auch die Ausgegrenzten. Die Folge: Ein subtiles Gerangel um das Produkt, das EWIGE JUGEND und ein langes Leben zu versprechen scheint. Als Kontrast ist die spannende Erzählung eingebettet in die Geschichte einer Familie, die ihren Wohnsitz im idyllischen Appenzellerland hat. Paul Meier, der Forscher, ist der Vater der fünfköpfigen Familie. Man verfolgt die Entwicklung der Familienmitglieder und taucht ein in ein Leben, das typisch helvetische und insbesondere appenzellische Eigenheiten vermittelt. Der Hauptfocus konzentriert sich aber stets auf die Hauptfigur Paul Meier, den Mediziner, Forscher und Unternehmer. Dabei wird insbesondere der letzte Lebensabschnitt Meiers intensiv ausgeleuchtet. War während Jahrzehnten die EWIGE JUGEND die Sendung seines Lebens, erkennt er im Alter, dass es vielleicht noch Wichtigeres gibt, nämlich das Leben danach, das EWIGE LEBEN. Sein Forscherdrang flammt noch einmal auf. Voller Energie stürzt sich Meier auf die Frage: Was folgt nach dem Leben auf Erden, wenn dieses zu Ende ist? Was hat es mit dem Jenseits auf sich?

EWIGE JUGEND EWIGES LEBEN greift ein hochaktuelles Thema auf. Denn die Pharma bestätigt, sehr nahe daran zu sein, gewisse Krebsarten zu entschlüsseln. Und auch die Unterdrückung der Alterung menschlicher Zellen sei nicht mehr fern.

MIX

Papier | Fördert
gute Waldnutzung

FSC® C083411

Zeitfracht Medien GmbH
Ferdinand-Jühlke-Straße 7
99095 Erfurt, Deutschland
produktsicherheit@kolibri360.de